essen&leben

FISCH

Das Kochbuch

Edition
Fackelträger

Texte: Sylvia Winnewisser
Coverfoto oben: © Bernd Euler/StockFood
Coverfoto unten: © L. Ellert/StockFood
Fotos im Innenteil: TLC
Fotos der Weine: Jochen Arndt www.jochenarndt.com

Weinempfehlungen: Anja Schröder, Matthias Martens, Planet Wein www.planet-weinhandel.de
Gesamtgestaltung: Fackelträger Verlag GmbH, Köln

Printed in China

ISBN 978-3-7716-4389-8

www.fackeltraeger-verlag.de

essen&leben

Fisch

Das Kochbuch

Edition
Fackelträger

Inhaltsverzeichnis

Warenkunde

Fisch und Meeresfrüchte sind Garanten für leichten Genuss und erfreuen sich immer größerer Beliebtheit.

Mediterrane Kochkunst und die exotischen Küchen Asiens und der Karibik haben außerdem neue Horizonte eröffnet und eine Fülle von Rezepten hervorgebracht, die jedes Genießerherz höher schlagen lassen. Wir möchten Ihnen die schönsten Rezepte aus aller Welt vorstellen, die Sie ohne Mühe ins eigene Kochrepertoire aufnehmen können. Beginnen wir mit einem kurzen Überblick über die am häufigsten vorkommenden Speisefische und den perfekten Umgang mit den köstlichen Wasserbewohnern.

Warenkunde

Das Angebot an Fisch und Meeresfrüchten im Handel ist vielseitig und der Anteil an küchenfertig vorbereitetem Fisch, der schnell und einfach zuzubereiten ist, steigt. Wir geben Ihnen zunächst einen kurzen Überblick über die beliebtesten Speisefische, wobei wir sie zur besseren Unterscheidung in zwei Gruppen gliedern, die Gruppe der Süßwasserfische aus Flüssen, Bächen und Seen und die weitaus größere Gruppe der Meeresfische.

Süßwasserfische

Die Forelle ist der bekannteste und beliebteste Fisch aus Süßwassergewässern. Sie gehört zur Familie der Lachse und hat sehr zartes Fleisch, kaum Gräten und ist äußerst kalorienarm. Wegen der großen Nachfrage werden Forellen in Teichen gezüchtet. Die Verwandten der Forelle heißen in Süddeutschland Felchen oder Renke und in Norddeutschland Maräne. In den Alpenseen ist der Saibling zu finden, der lachsfarbenes Fleisch hat.

Karpfen sind die ältesten Zuchtfische. Sie können sehr groß und schwer werden. Zum Verzehr eignen sich am besten die zwei bis vierpfündigen Exemplare.

Der Hecht kann bis zu 25 kg schwer werden, allerdings ist das Fleisch dann sehr trocken. Das Idealgewicht für den Verzehr liegt bei 1 bis 3 kg.

Der Flussbarsch (Egli) hat sehr schmackhaftes, festes weißes Fleisch mit wenig Gräten. Stachelige Flossen machen das Filetieren etwas schwierig. Anfänger verwenden ihn am besten küchenfertig vorbereitet.

Der Zander ist eine optimale Kreuzung aus Hecht und Barsch: fast grätenfreies, festes Fleisch mit zartem Eigengeschmack, das sich für alle Zubereitungsarten eignet.

Der Aal, ein schlangenähnlicher Knochenfisch, wandert aus dem Sargassomeer in unsere Flüsse. Dort wird er abgefischt und in Zuchtbetrieben gemästet. Die beste Qualität hat ein Aal mit einem Gewicht bis zu 1,2 kg. Die etwas schwierige Zubereitung erfordert Übung und Geschicklichkeit.

Der Lachs (Salm) ist ein Wanderfisch, der aufgrund der großen Nachfrage in Lachsfarmen gezüchtet wird. Die teuersten Arten sind der Silber- oder Königslachs aus dem Pazifik. Grönland- und Kanadalachs haben das typische dunkelrote Fleisch, das von der Ernährung der Fische mit karotinhaltigen Garnelenschalen herrührt.

Der größte Süßwasserfisch Mitteleuropas ist der Wels, auch Waller genannt. Er liebt dunkle, langsam fließende, warme Gewässer. Der Fisch kann bis zu zwei Metern lang und mehr als 150 kg schwer werden, dann ist er jedoch nicht mehr zum Verzehr geeignet. Das Fleisch kleinerer Exemplare (bis zu 2,5 kg) ist fest und sehr schmackhaft.

Salzwasserfische

Obwohl es mehr als 5000 Arten von Süßwasserfischen gibt, leben die meisten Fische im Meer. Man unterscheidet bei den Salzwasserfischen Schwarmfische wie Hering und Makrele, Rundfische wie Kabeljau, Seelachs und Rotbarsch und Plattfische wie die Scholle.

Der Hering lebt mit etwa 180 Arten im Atlantik und Pazifik. Zur Familie gehören Sprotten, Sardellen, Sardinen und viele mehr.

Die Makrele wird bei uns am liebsten geräuchert verzehrt. Ihr festes aromatisches Fleisch eignet sich jedoch für viele Zubereitungsarten. Es ist zudem so saftig, dass auch Anfänger problemlos damit zurechtkommen, die nicht so exakt auf die Einhaltung der Garzeiten achten.

Der weiße Thunfisch, der bis zu einem Meter lang werden kann, hat helles Fleisch, das sich beim Garen rosa färbt. Gegrillt oder gebraten schmeckt es besonders fein.

Der rote Thunfisch ist der größte unter den zahlreichen Thunfischarten. Sein festes Fleisch, das wie Steaks zubereitet werden kann, erinnert im Geschmack an Kalbfleisch und wird beim Kochen rotbraun.

Zu den bekanntesten Vertretern der Rundfische gehören Kabeljau, Rot- oder Seebarsch, Seelachs und Schellfisch. Dazu gesellen sich verstärkt Merlan, Seehecht und Lengfisch. Alle sind typische Magerfische, die ihr Fett in der Leber speichern, die reich an Vitamin A und D ist und gern zu Lebertran verarbeitet wird.

Steinbutt und Seezunge sind die edelsten Plattfische. Ihnen folgt der Heilbutt, der in Stücke geschnitten oder filetiert angeboten wird. Er eignet sich für viele Zubereitungsarten. Eine wahre Delikatesse ist geräucherter Heilbutt. Alle Plattfische haben zartes weißes, fettarmes Fleisch, das exakte Garzeiten verlangt, denn es zerfällt schnell.

Die Scholle ist ein äußerst schmackhafter und dabei relativ preiswerter Speisefisch. Traditionell steht sie im Mai auf der Speisekarte, ihr Fleisch schmeckt indes im Juni am besten.

Das Hauptfanggebiet der Flunder, der einzigen nordeuropäischen Plattfischart liegt in der Ostsee. Die Flunder wird 30–50 cm groß. Ihre Haut ist von dornigen Warzen besetzt, ihr Fleisch von ausgezeichneter Qualität.

Meeresfrüchte – unter diesem Begriff sind Schalen- und Krustentiere vereint.

Schalentiere

Hauptvertreter auf unserem Speisezettel sind die Muscheln: Weichtiere, die von zwei Schalen umgeben sind, die sich scharnierartig öffnen und schließen. Die teuerste Muschel ist die Auster, die traditionell geschlürft wird. Verbreiteter sind die u.a. in der Nordsee heimischen Miesmuscheln, die gern in würzigem Sud gegart werden und wie alle Schalentiere besonders gut in den Monaten mit „r" von September bis April schmecken. In der warmen Jahreszeit leidet die Qualität. Daneben finden sich die edleren Verwandten aus Atlantik und Mittelmeer: Jakobs- und Venusmuscheln, die von Feinschmeckern fangfrisch auch roh genossen werden.

Krustentiere

Wir unterscheiden langschwänzige Arten wie Hummer, Garnelen und Flusskrebse und kurzschwänzige Krebse wie Taschenkrebse.

Im fangfrischen Zustand ist der Panzer der Tiere je nach Art hellbraun bis schwarzblau. Beim Kochen verändert sich die Farbe und wird hell- bis tiefrot. Bei frischen, gekochten und ungeschälten Tieren muss der Panzer hart und fest sein. Das Fleisch gekochter Tiere tendiert von Weiß bis Rötlich, ist bissfest und fast geruchlos. Weiches und verfärbtes Fleisch darf nicht verzehrt werden!

Charakteristisch für den Hummer sind seine mächtigen Scheren. Das schmackhafte Fleisch liefern Hinterleib und Scheren.

Die Languste hat statt Scheren auffällig lange Fühler. Das Fleisch sitzt nur im Hinterleib, weshalb vielfach im Handel Langustenschwänze angeboten werden. Am besten schmecken Hummer und Languste frisch gegrillt oder in Salzwasser pochiert.

Der Flusskrebs, der bis 1930 bei uns heimisch war, braucht sehr saubere Gewässer. Das Gros wird für den Handel importiert und von Mai bis August angeboten. Meist werden Krebse im Sud gegart und mit würzigen Saucen oder Dipps gereicht.

Garnelen, auch Shrimps, Crevetten oder Gambas genannt, gibt es in allen Weltmeeren in vielen Arten. Im Handel werden nach Fanggebiet und Größe unterschieden: Nordseekrabben, Nordseegarnelen, Grönland- und Eismeergarnelen, Gambas, Riesengarnelen und Prawns aus asiatischen Gewässern. Garnelen eignen sich für alle Zubereitungsarten.

Taschenkrebs und Königskrabbe sind die bekanntesten Vertreter der kurzschwänzigen Krebse. Das Fleisch sitzt hauptsächlich in den kräftigen Scheren, im Schwanz und in den Beinen. Was Sie im Handel unter der Bezeichnung „Crabmeat" finden, ist in der Regel das Fleisch der Königskrabbe.

Gesunder Genuss

Fisch und Meeresfrüchte sind nicht nur besonders schmackhaft, sondern auch sehr gesund. Sie enthalten viele wertvolle Nahrungsbestandteile:

- Hochwertiges Eiweiß mit allen lebensnotwendigen essentiellen Aminosäuren. Ihr Anteil im Fisch ist besonders hoch: 200 g Fisch decken bereits den gesamten Tagesbedarf an tierischem Eiweiß.
- Wichtige Vitamine wie A und D sowie Vitamine des B-Komplexes.
- Mineralstoffe und Spurenelemente wie Calcium, Eisen, Jod, Phosphor und Magnesium. Der Tagesbedarf an Jod beträgt 0,2 mg pro Tag. Durch zweimal wöchentlichen Genuss von Seefisch ist eine optimale Versorgung mit Jod garantiert.
- Mehrfach ungesättigte Fettsäuren im Fischfleisch senken den Cholesterinspiegel im Blut und beugen Herzinfarkten vor.

Der Fettgehalt der Fische ist unterschiedlich:

mehr als 10 %	Fettfische (z. B. Aal und Makrele)
bis 10 %	Halbfettfische (z. B. Forelle, Thunfisch, Plattfische)
unter 1 %	Magerfische (vorwiegend Seefische wie Kabeljau)

Hier noch eine kleine Faustregel, wie viel Gramm Fisch pro Person anzusetzen sind:

Fisch im Ganzen	300–400 g
Fischfilet	200–250 g
Fischragout	150–200 g

Einkauf

Fisch darf nach Wasser, Salz und Meer riechen, aber nicht nach Fisch. Achten Sie auf folgende Merkmale beim Einkauf:

- klare, glänzende Augen
- leuchtend rote Kiemen
- glatte, geschmeidige Haut

Auch Fischfilet hat Frischemerkmale. Die Ware sollte stets auf zerstoßenem Eis in der Kühltheke aufbewahrt werden. Die Oberfläche der Filets muss glatt, geschmeidig und leicht feucht sein. Trockene Ränder und strenger Geruch sind ein Zeichen von zu langer Lagerung.

Frische Muscheln sind fest geschlossen bzw. schließen sich sofort, wenn man gegen die Schale klopft. Darauf sollten Sie beim Einkauf achten. Bei abgestorbenen Muscheln klaffen Die Schalen auseinander und das Wasser ist ausgelaufen. Das Fleisch ist schmierig und grau. Außerdem fehlt der frische Seegeruch. Solche Exemplare müssen unbedingt aussortiert werden.

Krustentiere, ob lebend oder gekocht, müssen einen festen Panzer haben. Fangfrisch gekochte, ausgelöste Tiere riechen angenehm nach Salz und Meer und haben festes, feucht schimmerndes Fleisch. Bei längerer unsachgemäßer Lagerung bekommen sie ein stumpfes Aussehen und trocknen aus.

Lagerung im Kühlschrank

Frischer Fisch sollte so schnell wie möglich weiterverarbeitet werden, denn auch bei sachgemäßer Kühlung ist er nur begrenzt lagerfähig. Am besten ist es, ihn im kältesten Teil des Kühlschranks in Folie eingewickelt zwischen gestoßenem Eis aufzubewahren. So bleibt er ein bis höchstens zwei Tage frisch.

Lagerung im Gefrierschrank

Fisch sollte nach Möglichkeit im Schnellgefrierfach eingefroren werden. In Folie eingeschlagen und in Plastikboxen verpackt lässt er sich im TK-Gerät einige Zeit lagern. Eine Datierung des Gefrierguts sollte immer erfolgen. Magerfisch hält sich zwei bis fünf Monate, Fettfische bis zu zwei Monaten.

Fische vorbereiten

Schuppen
In der Geldbörse bringt eine Schuppe Glück – im Essen nicht. Nehmen Sie ein scharfes Messer oder einen im Fachhandel erhältlichen Fischschupper und fassen Sie den Fisch beim Schwanz. Kratzen Sie dann zum Kopf hin die Schuppen ab. Halten Sie den Fisch dabei unter fließend kaltes Wasser, dann geht das Schuppen etwas leichter von der Hand. Außerdem bleibt so die Küche sauber.

Ausnehmen
Beim Ausnehmen kommt es darauf an, keine inneren Organe zu verletzen, denn ein ausgelaufener Magen oder eine zerschnittene Galle beeinträchtigen den Fischgenuss. Stechen Sie mit einem langen, schmalen Messer in den Darmausgang unterhalb des Schwanzes und schneiden Sie die Bauchseite bis zur Kehle auf. Danach die Innereien von hinten nach vorne entfernen. Die Bauchhöhle kurz unter fließend kaltem Wasser ausspülen.

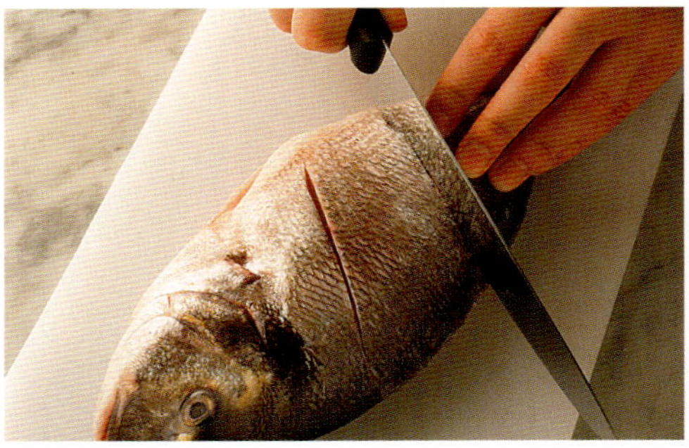

Einschneiden
Damit auch größere Fische gleichmäßig garen, wird der Rückenmuskel in Längs- und Querrichtung von beiden Seiten eingeschnitten, in einem gleichmäßigen Abstand von 4–5 cm. So werden beim Zubereiten gleichzeitig die kleinen, lästigen Gräten weich und können ohne Bedenken mitverzehrt werden.

Filetieren
1. Das Filetieren von Rundfischen ist einfach. Mit einem großen scharfen Messer mit stabiler Klinge hinter dem Kopf in die Seite schneiden, und zwar so tief, dass das Messer direkt über den Gräten liegt.

2. Anschließend eine Hand flach auf den Fisch legen und das Filet mit gleichmäßigem Druck vom Kopf Richtung Schwanz entlang der Mittelgräte abschneiden. Anschließend das Filet mit der Messerspitze möglichst behutsam von der Mittelgräte abheben.

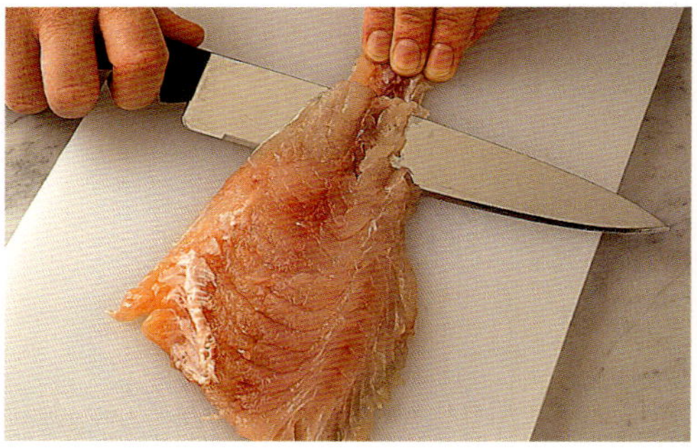

3. Das entgrätete Filet mit der Hautseite nach unten auf ein Küchenbrett legen. Das Messer schräg am Schwanzende ansetzen und vorsichtig ein Stück Haut ablösen. Dann das Messer langsam zwischen Haut und Filet schieben, bis das Filet von der Haut abgelöst ist. Danach prüfen Sie das Filet. Falls an der Innenseite noch Gräten vorhanden sind, entfernen Sie diese mit einer Pinzette.

Garmethoden

Garen in der Folie

Bei dieser Garmethode gart der Fisch im eigenen Saft und der Backofen bleibt sauber! Außerdem entstehen kaum Gerüche. Geeignet für das Einwickeln der Fische sind Alufolie, transparente Schlauchfolien oder Bratbeutel. Folie hat den Vorteil, dass sie auf jede Größe passend zugeschnitten werden kann. Sie wird mit der glänzenden Seite nach oben glatt auf der Arbeitsfläche ausgebreitet und leicht eingefettet. Das Gargut wird darauf gelegt, die Längsseiten werden hochgezogen und mehrmals zusammengefalzt. Anschließend werden die seitlichen Enden so fest zusammengerollt, dass keine Flüssigkeit austreten kann. Schlauchfolie und Bratbeutel werden mit Clips verschlossen und vor dem Garvorgang mehrmals mit einer Gabel eingestochen.

Garen in Dampf

Eine schonende und empfehlenswerte Zubereitungsmethode, weil dabei das Aroma nicht „verwässert" wird. Sie benötigen dazu einen Fischkochtopf, einen größeren Topf mit Dämpfeinsatz oder einen gut gewässerten Römertopf. Das Besondere bei dieser Methode ist, dass der Fisch nicht direkt mit der Flüssigkeit in Berührung kommt, sondern zugedeckt im Dampf gegart wird. Der Deckel darf dabei während des Garvorgangs nicht geöffnet werden. Ein Wenden des Garguts ist nicht nötig.

Braten

Braten ist das Garen des Fisches bei mittlerer Temperatur in einer Pfanne in Fett, am besten in hoch erhitzbarem Pflanzenfett oder in Butterschmalz.
Der Fisch wird vor dem Braten gut trockengetupft und mit etwas Mehl bestäubt. So wird die Haut schön knusprig und braun. Damit der Fisch gleichmäßig bräunt, muss er komplett in die Pfanne passen. Wenn er zu groß ist, sollten Sie beim Braten portionsweise vorgehen. Außerdem sollten Fische möglichst nur einmal gewendet werden, damit sie nicht zerfallen.

Garziehen

Der Fisch wird in kochendes Wasser oder Gemüsebrühe gelegt. Dann lässt man ihn bei schwacher Hitze gar ziehen. Der ideale Gargrad ist erreicht, wenn die Augen weiß werden und sich die Rückenflosse leicht herausziehen lässt.

Dünsten

Dünsten oder Dämpfen nennt man das sanfte Garen in Butter, Wein oder im eigenen Saft. Dabei ist unbedingt darauf zu achten, dass die Kochtemperatur unter dem Siedepunkt bleibt. Fisch darf nicht kochen!

Backen oder Frittieren

Bei dieser Art der Zubereitung werden Fischstücke, kleine Fische im Ganzen oder Meeresfrüchte in einen Ausbackteig getaucht oder paniert und anschließend in der Pfanne oder in der Fritteuse schwimmend ausgebacken. Der schützende Teigmantel verhindert das Austrocknen.

Fisch und Meeresfrüchte zerlegen

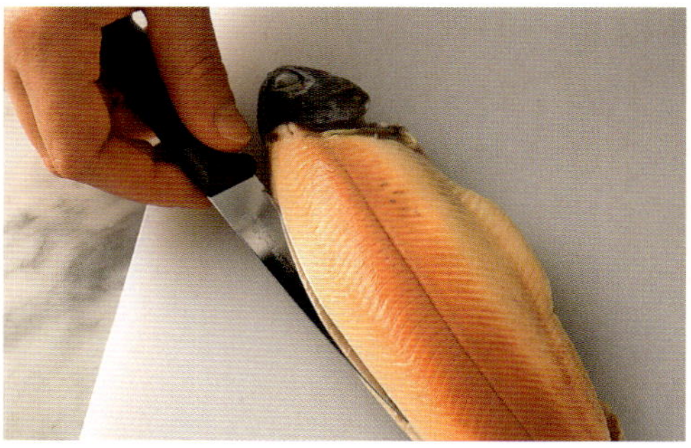

Im Ganzen gegarten **Fisch** zu zerlegen ist viel einfacher als Sie denken:

1. Fisch auf die Seite legen, Haut vorsichtig vom Schwanz her abziehen.
2. Rückenfilets abtrennen. Dabei ein scharfes Messer zwischen Mittelgräte und Filet schieben. Das Filet mit dem Messer von der Mittelgräte abheben.
3. Die Mittelgräte mit dem Messer anheben und vom Fischfilet lösen. Das untere Filet von der Haut ablösen.

1. Beim gekochten **Hummer** werden zuerst die Scheren und Gelenke abgebrochen. Den Schwanz trennt man durch leichtes Drehen und Ziehen vom Kopf.

2. Die ungepanzerte Seite des Schwanzes und das größte Scherenglied werden aufgeschnitten.

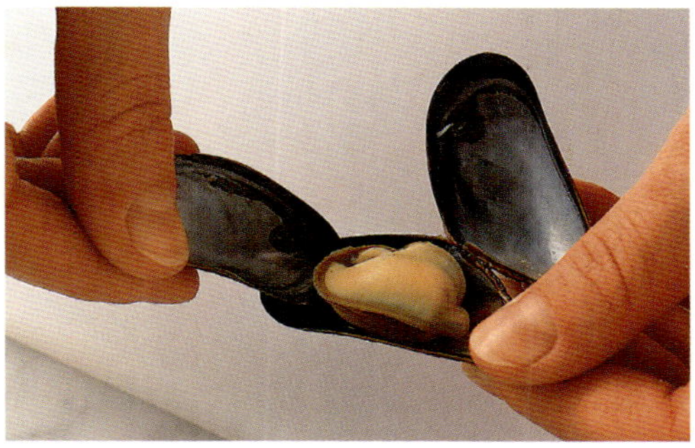

Miesmuscheln öffnen sich während des Kochens. Beim Essen holen Sie aus der ersten Muschel das Fleisch mit der Gabel heraus. Anschließend benutzen Sie die leeren Muschelschalen als „Zange" zum Weiteressen.

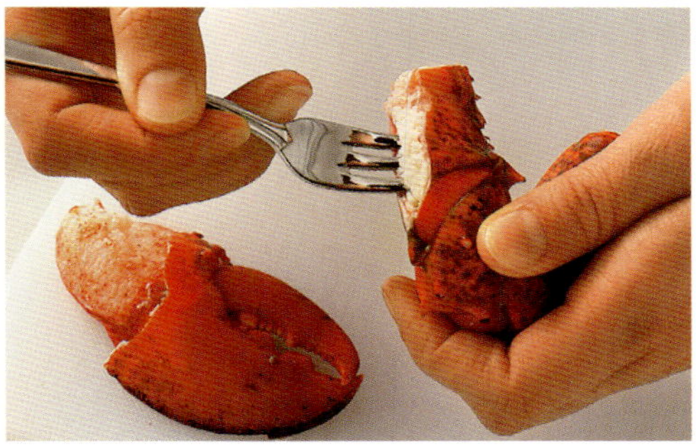

3. Die Körper und Scheren verbindenden Glieder werden aufgeschnitten. Das kleine Scherenglied wird durch Drehen von der großen Schere entfernt. Mit einer Gabel das Fleisch aus den Scheren und Gelenken lösen.

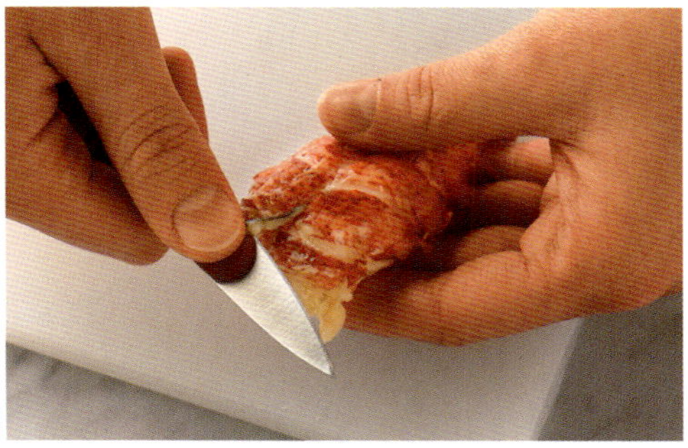

4. Das ausgelöste Schwanzfleisch auf der Rückenseite der Länge nach einschneiden. Der dunkle Darm wird vorsichtig mit dem Messer entfernt.

Bei der **Auster** müssen Sie etwas Kraft aufwenden. In gekochtem Zustand klaffen die Schalen zwar ein bisschen auf, aber um an das feine Innere zu gelangen, müssen sie richtig aufgebrochen werden. Dazu nehmen Sie die Auster in eine Hand (eventuell mit einem Küchentuch, die Schalen sind ziemlich scharfkantig), schieben ein stabiles Küchenmesser mit kurzer Schneide oder ein Austernmesser in die Schalenöffnung an der Spitze der Muschel und öffnen diese mit kurzen, hebelartigen Drehbewegungen. Das Austernfleisch sitzt in der Muschel und muss mit einem Messer gelöst werden.

1. Beim **Flusskrebs** werden ähnlich wie beim Hummer Scheren, Schwanz und die Beine abgebrochen.

2. Die Spitzen der Scheren lassen sich mit einem Küchenmesser oder einem Nussknacker aufbrechen. Den Panzer mit beiden Händen auseinander drücken und das Fleisch auslösen. Den Darm entfernen.

Kleine Gerichte, Vorspeisen und Salate

Das Meer ist ein riesengroßer Lebensraum, dessen Bewohner Teil einer Nahrungskette sind, an deren Ende der Mensch steht.

Etwa drei Viertel der Erdoberfläche sind mit Wasser bedeckt, es sind ca. 71 %. Die restlichen 29 % sind Landmasse, von Milliarden von Menschen bevölkert. Aus dem Wasser ist vor Urzeiten alles Leben entstanden, und ohne seine Existenz wäre Leben auf diesem Planeten auch gar nicht möglich.

Vor vielen Millionen Jahren gab es im Urozean Tethys die ersten Wirbeltiere, die sich mithilfe von Flossen fortbewegten – Fische. Einige Millionen Jahre später hatte sich diese Spezies weiterentwickelt: Es gab Knorpel- und Knochenfische, die den heute lebenden Exemplaren schon ähnlich sahen. In diesem Erdzeitalter, dem Devon, waren Fische die höchst entwickelten Lebewesen. Tausende von Arten entwickelten sich: große und kleine, gefräßige und harmlose, giftige und essbare, dicke und platte, skurril aussehende und sogar in der Tiefe leuchtende. Daneben gab es unzählige Arten von Weichtieren in Schalen oder Muscheln, Garnelen, Hummer, Langusten und auch die großen und kleinen Tintenfische.

Allmählich begannen einige der Fische das Meer zu verlassen und sich zur Spezies der Amphibien weiterzuentwickeln. Viele, viele Millionen Jahre später und einige Entwicklungsstufen weiter tauchten die ersten menschenähnlichen Lebewesen auf. Und nach und nach wurden aus den einst hoch entwickelten Fischen die untersten Glieder einer langen Nahrungskette. Denn nicht nur für viele Meeresbewohner und Landtiere, auch für den Menschen waren Fische und Meeresfrüchte eine wichtige und wertvolle Speise geworden und sind es heute noch.

Kleine Gerichte, Vorspeisen und Salate

Fische und Meeresfrüchte haben in den letzten Jahren immer stärker Einzug in die Küchen der Welt gehalten.

Die Vielfalt der Arten an Fischen oder Schalentieren hat Köche stets zu neuen schmackhaften kleinen Gerichten inspiriert. Die gute Bekömmlichkeit und Leichtigkeit von Fisch und Meeresfrüchten prädestiniert sie gerade als Zutat für kleine Gerichte und Vorspeisen. Denn sie belasten den Magen nicht und es bleibt noch genügend Appetit auf das Hauptgericht. Und wer möchte, kann mit etwas Brot aus dem kleinen Gericht eine Hauptmahlzeit machen.

Eine leckere Fischfrikadelle kann als Zwischenmahlzeit unterwegs dienen oder Thunfisch-Piroggen mit einem frischen Salat werden zum Abendessen gereicht.

Besondere Leckerbissen sind die Fisch-Krabben-Klößchen, der Hechttatar, die Steinbeißerspieße und Windbeutel mit Räucherfisch. Hiermit wird ihre Party zum Fisch-Gourmettreffen.

Überbackene Jakobsmuscheln oder Austern Rockefeller, ein köstliches Krabbensoufflé – wer könnte dem widerstehen?

Aber auch Liebhaber der deftigen Fischküche kommen auf ihre Kosten. Mit Heringsstipp, Matjes in Würzsahne und Matjessalat mit frischen Früchten können Sie hier punkten. Nicht zuletzt lassen sich Salatzubereitungen mit Fisch und Meeresfrüchten zaubern, nach denen sich alle die Finger lecken werden. Natürlich können Sie dabei nach Lust und Laune variieren – einige Vorschläge haben wir gleich mitgeliefert.

GEFÜLLTE AVOCADOS MIT KRABBEN

GEFÜLLTE AVOCADOS MIT KREBS-FLEISCH

GEFÜLLTE AVOCADOS MIT MUSCHELFLEISCH

GEFÜLLTE AVOCADOS MIT RÄUCHERLACHS UND KAPERNDRESSING

GEFÜLLTE ZUCCHINI MIT FORELLE UND JOGHURTDRESSING

GEFÜLLTE GURKE MIT SCHILLERLOCKEN

Gefüllte Avocados mit Fisch und Tomatendressing

Für 4 Portionen
4 reife Avocados*
4 El Zitronensaft*
200 g gedünstetes Fischfilet*
1 kleine Lauchstange*
2 Möhren*
50 g Knollensellerie*
80 g Gouda*
8 El Tomatenketchup*
2 Tl Crème fraîche*
2 El Cognac*
Salz, Cayennepfeffer
Worcestersauce

Zubereitungszeit: ca. 30 Minuten
Pro Portion ca. 680 kcal/2856 kJ
22 g E · 61 g F · 10 g KH

Gefüllte Avocados mit Fisch und Tomatendressing

Die Avocados längs halbieren, den Stein vorsichtig entfernen und die beiden Avocadohälften bis auf etwa 0,5 cm aushöhlen. Das Avocadofruchtfleisch würfeln und mit Zitronensaft beträufeln.

Das Fischfilet mit einer Gabel zerpflücken. Den Lauch waschen, trocken schütteln und in feine Ringe schneiden. Die Möhren und den Sellerie waschen und in dünne Stifte schneiden. Den Gouda fein würfeln. Die Zutaten mischen und in die ausgehöhlten Avocados füllen.

Aus Tomatenketchup, Crème fraîche, Cognac, Salz, Cayennepfeffer und Worcestersauce ein Dressing bereiten und über die Füllung geben.

Mit frischem Baguette servieren.

* Die mit einem Sternchen versehenen Zutaten können ausgetauscht werden. Gewürze und Kräuter je nach Belieben.

2007 Grauer Burgunder Kabinett trocken Weingut Münzberg, Pfalz

Dies ist ein Bilderbuchburgunder von einem der Burgunderspezialisten Deutschlands. Wir finden zarte Noten von Zitronengras, Birnen und frisch gemähtem Gras in der Nase.
Er erfrischt den Gaumen und behält seine angenehme Leichtigkeit.

Fisch-Krabben-Klößchen mit Forellenkaviar

Fisch-Krabben-Klößchen mit Forellenkaviar

Das Fischfilet waschen, trocken tupfen und in Würfel schneiden. Die Fischwürfel etwa 1 Stunde gefrieren lassen. Anschließend den Fisch mit dem Eiweiß pürieren, die gekühlte Sahne langsam angießen. Die Masse mit Salz, Pfeffer und 1 Tl Zitronensaft würzen. Das Krabbenfleisch und die Speisestärke unterrühren. Den Wein mit 500 ml Wasser und etwas Salz aufkochen. Mit zwei Esslöffeln aus der Masse Klöße abstechen und bei mittlerer Hitze in dem Sud etwa 5 Minuten garen. Mit einer Schaumkelle herausnehmen und abkühlen lassen.

Den Dill waschen, trocken schütteln und fein hacken, etwas zurücklegen für die Dekoration. Dill mit Crème fraîche, Salz, Pfeffer, restlichem Zitronensaft abschmecken. Die Salatblätter waschen, trocken schleudern und auf Teller legen. Fischklößchen mit der Crème auf den Salatblättern anrichten und mit Kaviar belegen. Mit Dill garniert servieren.

Für 4 Portionen
250 g Seelachsfilet
175 ml Sahne
1 Eiweiß
Salz, Pfeffer
2 Tl Zitronensaft
50 g Nordsee-Krabbenfleisch
2 Tl Speisestärke
250 ml trockener Weißwein
1 Bund Dill
150 g Crème fraîche
einige Blätter Lollo Bianco
50 g Forellenkaviar

Zubereitungszeit: ca. 20 Minuten
(plus Gefrier- und Garzeit)
Pro Portion ca. 408 kcal/1712 kJ
20 g E · 29 g F · 7 g KH

Der **Lollo Bianco** ist der Bruder des Lollo Rosso, auch Lollo Bionda (blond) genannt. Beide haben stark gekrauste Blätter, der eine hellgrün-gelb, der andere rötlichbraun. Geschmacklich unterscheiden sich die beiden Salatsorten nicht: Ihr Geschmack erinnert an Nüsse, mit leicht bitterem Nachgeschmack. Angebaut werden die Sorten vor allem in Frankreich, Italien und Holland.

Salate sind sehr kalorienarm, da sie sehr wasserhaltig sind. Dunkelgrüne Salatsorten enthalten mehr Mineralien und Nährstoffe als hellgrüne und rötliche. In den meisten Salaten ist Folsäure enthalten.

MUSEUM FUER
HAMBURGISCHE GESCHICHTE
HHLA
AMAZONE

Für 4 Portionen
150 g Pfeffer-Crème-fraîche
100 g Doppelrahmfrischkäse
Saft von 1 Orange
2 El Grappa
2 Tl eingelegte grüne Pfefferkörner
Salz, Pfeffer
8 Matjesfilets
1 El Rotweinessig
1 Tl Senf
1 Prise Zucker
4 El Olivenöl
200 g Feldsalat
½ Friséesalat
150 g Erdbeeren

Zubereitungszeit: ca. 30 Minuten
Pro Portion ca. 610 kcal/2562 kJ
31 g E · 48 g F · 12 g KH

Matjes mit Würzsahne und Salat

Matjes mit Würzsahne und Salat

Die Pfeffer-Crème-fraîche mit dem Frischkäse, der Hälfte des Orangensafts, dem Grappa, den abgetropften Pfefferkörnern sowie Salz und Pfeffer zu einer pikanten Crème verrühren.

Die Matjes waschen, trocken tupfen und zusammenrollen. Aufrecht auf Teller stellen und mit der Pfeffer-Sahne füllen.

Aus Rotweinessig, Senf, Zucker, Olivenöl, restlichem Orangensaft, Salz und Pfeffer ein Salatdressing bereiten.

Die Salate putzen, waschen und trocken schleudern. Den Friséesalat in mundgerechte Stücke zupfen. Die Erdbeeren putzen, waschen und halbieren. Salate und Erdbeeren mischen und mit dem Dressing verrühren. Zu den Matjes servieren.

Heringsstipp

Für 4 Portionen
8 Matjesfilets
2 l Mineralwasser
2 rote Zwiebeln
2 Äpfel
2 Lorbeerblätter
250 g saure Sahne
½ Tl Senf
3 Wacholderbeeren
1 Prise Zucker
Saft von 1 Zitrone
Salz, Pfeffer

Zubereitungszeit: ca. 20 Minuten (plus Einweich- und Marinierzeit)
Pro Portion ca. 550 kcal/2310 kJ
30 g E · 41 g F · 16 g KH

Heringsstipp
Die Matjesfilets im Mineralwasser etwa 2 Stunden wässern, dann herausnehmen und trocken tupfen. Die Matjesfilets in Stücke schneiden und in eine Schüssel geben.

Die Zwiebeln schälen und in dünne Ringe schneiden. Die Äpfel schälen, das Kerngehäuse entfernen und die Äpfel in kleine Würfel schneiden.

Die Lorbeerblätter auf die Fischstücke legen, darüber Zwiebelringe und Äpfel verteilen.

Die saure Sahne mit dem Senf, den Wacholderbeeren, Zucker und Zitronensaft verrühren und mit Salz und Pfeffer abschmecken.

Die Sauce über den Fisch geben und alles abgedeckt 2 Tage im Kühlschrank marinieren lassen.

Heringsstipp mit Pell- oder Bratkartoffeln servieren.

Wacholderbeeren sind die Früchte des immergrünen Wacholderbaumes oder –strauches, der vor allem auf Sandböden in Europa, Asien und Nordamerika wächst. Aus den Blüten des Wacholders entwickeln sich die fleischigen grünen Beeren, die später blauschwarz bzw. violett werden und nach etwa zwei Jahren eine traubenähnliche Haut ausbilden.

Wacholderbeeren haben einen harzigen Geruch und schmecken leicht bitter. Sie wirken antiseptisch, entwässernd, reinigend und verdauungsfördernd. In der Heilkunde schätzt man ihre Heilkräfte bei Rheuma, Arthritis und Gallenbeschwerden.

In der Küche werden sie im Ganzen für Marinaden und Saucen zu Wild, Geflügel und Fisch verwendet. Wacholderbeeren werden außerdem auch zum Bereiten von Schnäpsen, Bieren und Gin verwendet.

Windbeutel mit Räucherforelle

90 g Butter und 225 ml Wasser in einem Topf zum Kochen bringen, 100 g Mehl hineinsieben und so lange rühren, bis ein fester Kloß entsteht, der sich vom Topfboden löst. Den Topf vom Herd nehmen und die Masse etwas abkühlen lassen. Anschließend 3 Eier hinzufügen und rühren, bis der Teig glatt ist und glänzt.

Den Backofen auf 200 °C (Umluft 180 °C) vorheizen. Ein Backblech einfetten und den Teig teelöffelweise daraufgeben. Im Ofen etwa 25 Minuten zu Windbeuteln backen. Abkühlen lassen.

Die restlichen Eier hart kochen, abgießen und abschrecken.

Die restliche Butter zerlassen, das restliche Mehl einrühren und eine Mehlschwitze herstellen. Den Wein und das Lorbeerblatt zugeben, aufkochen und etwa 3 Minuten köcheln. Das Lorbeerblatt entfernen. Das Forellenfilet hacken, die Eier pellen und würfeln. Beides mit den Gewürzen und dem Dill in die Sauce rühren.

Die Windbeutel aufschneiden und mit der Fischmasse füllen.

Windbeutel mit Räucherforelle

Für 4 Portionen
135 g Butter
150 g Mehl
5 Eier
275 ml Milch
2 El Weißwein
1 Lorbeerblatt
180 g geräuchertes Forellenfilet
Muskat
Salz, Pfeffer
1 El frisch gehackter Dill
Fett für das Blech

Zubereitungszeit: ca. 30 Minuten
(plus Koch- und Backzeit)
Pro Portion ca. 600 kcal/2520 kJ
26 g E · 41 g F · 32 g KH

Das würzige Aroma der **Muskatnuss** passt gut zu verschiedenen Gemüsegerichten, Kartoffeln, Eierspeisen, Suppen, Fleisch und Fisch, aber auch zu Süßspeisen.

Die Nüsse sollten stets im Ganzen gekauft und aufbewahrt werden, denn gemahlen verlieren sie schnell ihr Aroma. Zum Würzen genügt schon eine geringe Menge Muskat, zu viel kann zu Kopfschmerzen führen.

Fischfrikadellen mit Kräutersauce

Fischfrikadellen mit Kräutersauce

Das Brot entrinden und mit der Sahne begießen. Das Fischfilet in wenig Wasser 5 Minuten garen, dann herausnehmen, abtropfen lassen und fein hacken. Das eingeweichte Brot mit dem Fisch und den Eiern zu einer homogenen Masse verrühren.

Die Kapern abtropfen lassen und fein hacken. Den Dill waschen, trocken schleudern und hacken. Kapern und Dill unter den Fischteig rühren und mit Salz, Pfeffer und Zitronenschale würzen. Aus dem Teig Frikadellen formen.

Das Sonnenblumenöl in einer Pfanne erhitzen und die Fischfrikadellen darin goldbraun braten.

Für 4 Portionen
4 Scheiben Vollkorntoast
5 El Sahne
400 g Pangasiusfilet
2 Eier
2 El Kapern aus dem Glas
1/2 Bund Dill
Salz, Pfeffer
1/2 Tl abgeriebene Schale von
1 unbehandelten Zitrone
3 El Sonnenblumenöl
4 Eisbergsalatblätter
2 gekochte Eier
1 Tl Senf
3 Tl Limettensaft
6 El Traubenkernöl
50 g Crème fraîche
2 El frisch gehackte gemischte Kräuter

Zubereitungszeit: ca. 30 Minuten (plus Bratzeit)
Pro Portion ca. 403 kcal/1690 kJ
25 g E · 23 g F · 24 g KH

Die Salatblätter waschen, trocken schütteln und auf Tellern anrichten. Die Frikadellen darauf anrichten.

Die gekochten Eier pellen und fein würfeln. Aus den restlichen Zutaten mit den Eiern eine Sauce herstellen. Zu den Fischfrikadellen reichen.

THUNFISCHSPIEßE MIT SCHARFER SAUCE

KRABBENSPIEßE MIT SCHARFER SAUCE

JAKOBSMUSCHELSPIEßE MIT SCHARFER SAUCE

STEINBEIẞERSPIEẞE MIT SALSA VERDE

SEEHECHTSPIEẞE MIT KNOB-LAUCHSAUCE

TILAPIASPIEẞE MIT SÜẞ-SAURER SAUCE

Steinbeißer-Spieße mit scharfer Sauce

Für 4 Portionen
500 g Steinbeißerfilet*
3 Knoblauchzehen
2 rote Chilischoten*
200 ml Olivenöl*
2 rote Paprikaschoten*
1/2 Tl rosenscharfes Paprikapulver*
1 Msp. Kreuzkümmel*
1 El Essig*
Salz, Pfeffer
Saft von 1 Zitrone*
1/2 Bund Rosmarin*
2 Limetten*

Zubereitungszeit: ca. 30 Minuten (plus Marinier- und Bratzeit)
Pro Portion ca. 206 kcal/846 kJ
23 g E · 9 g F · 5 g KH

Steinbeißer-Spieße mit scharfer Sauce

Das Fischfilet waschen, trocken tupfen und in Würfel schneiden. 1 Knoblauchzehe schälen und fein hacken. 1 Chilischote putzen, entkernen und fein würfeln. Knoblauch, Chili und 80 ml Olivenöl mischen und die Fischwürfel darin abgedeckt über Nacht im Kühlschrank marinieren.

Die Paprikaschoten putzen, waschen, halbieren, die Kerne entfernen und in Stücke schneiden. Restlichen Knoblauch schälen, die zweite Chilischote putzen, entkernen, beides hacken. Paprikastücke mit Knoblauch, Chili, Paprikapulver und Kreuzkümmel, Essig und restlichem Öl pürieren. Mit Salz und Pfeffer abschmecken.

Die Fischstücke aus der Marinade nehmen und je zwei Stücke auf einen Holzspieß stecken. Marinade in einer Pfanne erhitzen und die Fischspieße darin etwa 4 Minuten braten. Den Zitronensaft angießen. Fischspieße mit dem Bratfond und Limettenachteln anrichten. Mit Rosmarinzweigen garnieren. Die scharfe Sauce dazu reichen.

* Die mit einem Sternchen versehenen Zutaten können ausgetauscht werden. Gewürze und Kräuter je nach Belieben.

Thunfisch-Tartes

Thunfisch-Tartes

Das Mehl mit dem Salz und der Butter bröselig kneten. So viel Wasser zugeben, dass ein glatter Teig entsteht. Gut durchkneten und 30 Minuten kalt stellen.

Inzwischen den Thunfisch abtropfen lassen. Das Öl in einer Pfanne erhitzen, das Mehl einrühren und unter Rühren anschwitzen. Die Paprikaschote entkernen und fein hacken. Die Frühlingszwiebeln putzen, waschen und hacken. Den Staudensellerie ebenfalls waschen und fein hacken. Das Gemüse in die Pfanne geben und unter Rühren anschmoren. Die Milch angießen und alles etwa 5 Minuten köcheln. Mit Salz und Pfeffer abschmecken, dann den Thunfisch unterheben.

Den Backofen auf 200 °C (Umluft 180 °C) vorheizen. Den Teig in 4 Stücke teilen und auf einer bemehlten Arbeitsfläche ausrollen. 4 gefettete Tarteförmchen damit auslegen, an den Rändern festdrücken. Überstehenden Teig abschneiden. Den Teig mit Pergamentpapier abdecken, mit Backerbsen belegen und 10 Minuten blind backen. Das Papier und die Backerbsen entfernen und den Teig weitere 5 Minuten backen.

Die Thunfischmasse auf die Formen verteilen. Den restlichen Teig gitterförmig darauf legen und die Tartes im Ofen 10 Minuten backen. Dazu schmeckt grüner Salat.

Für 4 Portionen
Für den Teig:
225 g Mehl
1 Prise Salz
120 g Butter

Für die Füllung:
250 g Thunfisch aus der Dose
3 El Öl
3 El Mehl
½ grüne Paprikaschote
2 Frühlingszwiebeln
1 Stange Staudensellerie
275 ml Milch
Salz, Pfeffer

Zubereitungszeit: ca. 30 Minuten
(plus Schmor- und Backzeit)
Pro Portion ca. 620 kcal/2604 kJ
20 g E · 39 g F · 47 g KH

Staudensellerie ist eine alte und bereits in der Antike beliebte Gemüsepflanze. Seine Blätter wurden als Gewürz genutzt oder zu Heilzwecken eingesetzt. Später erkannte man auch seinen Wert in Form von Saft und als Gemüse – sowohl gekocht wie roh. Inzwischen werden Samen, Wurzeln, Stängel und Blätter in der Küche verwendet.

Es gibt sehr helle Sorten, wie den Bleichsellerie, der einen milden Geschmack hat. Dazu werden die Stauden während des Wachstums mit Erde oder Papier abgedeckt. Sellerie enthält viel Kalium, außerdem Vitamin C, Folsäure und Vitamin B6.

Für 4 Portionen	Pfeffer
200 g geräuchertes Hechtfilet	Chilipulver
1 Schalotte	100 g Crème fraîche
1 Avocado	50 g Forellenkaviar
1/2 El frisch gehackte Petersilie	2 große Kartoffeln
1/2 El frisch gehackter Koriander	3 El Öl
5 El Olivenöl	
2 El helle Sojasauce	
Saft und abgeriebene Schale von 1 unbehandelten Zitrone	
Salz	

Zubereitungszeit: ca. 30 Minuten (plus Bratzeit)
Pro Portion ca. 390 kcal/1638 kJ
16 g E · 32 g F · 10 g KH

Hechttatar mit Rösti

Hechttatar mit Rösti
Das Hechtfilet sehr fein hacken. Die Schalotte schälen und würfeln. Die Avocado schälen, den Stein entfernen, das Fruchtfleisch sehr klein schneiden. Diese Zutaten in einer Schüssel mit Petersilie, Koriander, Olivenöl, Sojasauce, Zitronensaft und -schale mischen, mit den Gewürzen abschmecken und in vier Portionen teilen. Auf jede Portion etwas Crème fraîche und Forellenkaviar geben. Kalt stellen.

Die Kartoffeln schälen und reiben, mit Salz und Pfeffer würzen. In 4 Teile teilen. Das Öl in einer beschichteten Pfanne erhitzen und nacheinander aus den Kartoffeln von beiden Seiten knusprige Rösti backen. Auf Küchenpapier abtropfen lassen.

Die Rösti auf Teller verteilen und das Hechttatar dekorativ darauf verteilen.

Fruchtiger Matjessalat

Für 4 Portionen
125 g Sojasprossen
2 Frühlingszwiebeln
Salz
1 Papaya
Saft und abgeriebene Schale von 1 unbehandelten Limette
1 kleine Ananas (ca. 500 g)
1 rote Chilischote
1 Eigelb
65 ml Öl
150 g Sahnejoghurt
1 Tl Currypulver
½ El Zucker
1 Tl helle Sojasauce
6 Matjesfilets

Zubereitungszeit: ca. 40 Minuten (plus Zeit zum Durchziehen)
Pro Portion ca. 420 kcal/1764 kJ
15 g E · 27 g F · 10 g KH

Fruchtiger Matjessalat
Die Sojasprossen waschen und abtropfen lassen. Die Frühlingszwiebeln putzen, waschen und in dünne Streifen schneiden. In kochendem Wasser 1 Minute blanchieren, dann abtropfen lassen.

Die Papaya schälen, halbieren, die Kerne entfernen und das Fruchtfleisch quer in ½ cm dicke Scheiben schneiden, die Scheiben würfeln. Limettensaft und -schale darübergeben.

Die Ananas schälen, den Strunk und die Augen herausschneiden, die Frucht längs vierteln und in 1 cm dicke Würfel schneiden. Die Chilischote putzen, entkernen und hacken.

Das Eigelb schaumig rühren, dann das Öl tropfenweise, später in dünnem Strahl unterrühren, bis eine cremige Mayonnaise entsteht. Joghurt, Curry, Zucker und Sojasauce dazugeben und glatt rühren.

Die Matjesfilets waschen, trocken tupfen und in 1 cm breite Streifen schneiden. Fischstreifen mit den Früchten, Sojasprossen und Frühlingszwiebeln mischen.

Das Joghurt-Curry-Dressing darübergeben und den Salat 30 Minuten durchziehen lassen.

Sojabohnenkeimlinge werden aus den Bohnen der gelben Sojabohne gezogen. Dies lässt sich auch ganz einfach zu Hause mit einem Keimgerät oder einer Keimschale bewerkstelligen. Einige Bohnen zuerst 12 Stunden einweichen, dann 3–4 Tage keimen lassen, mehrmals täglich spülen. Sojabohnen enthalten viel Vitamin C, Eiweiß, Vitamine der B-Gruppe, Vitamin E, Kalium, Kalzium und Magnesium.

Beim Kauf von **Ananas** sollte man darauf achten, dass sie frisch und reif sind. Nur reif geerntete Früchte sind wirklich schmackhaft und süß. Wenn sich die grünen Blätter leicht herausziehen lassen, ist die Ananas frisch. Übermäßiger Geruch kann darauf deuten, dass die Frucht schon gärt. Außerdem weisen gelbliche Blätter und dunkle Stellen auf der Schale darauf hin, dass die Ananas schon länger liegt.

2007 Sancerre Blanc A.O.C.
Château de Maimbray, Loire

Im Glas zeigt sich dieser Wein in schimmerndem Grüngelb. Der filigrane Duft von schwarzen Johannisbeeren und Stachelbeeren in der Nase unterstreicht seine erfrischende und mineralische Art.

Lachsterrine mit Joghurtsauce

Das Lachsfilet waschen, trockentupfen und in Form einer Terrinenform (1 Liter Inhalt) zuschneiden. Fischfond mit Salz und Pfeffer würzen, aufkochen und den Fisch hineinlegen. Abgedeckt etwa 10 Minuten garen. Die Gelatine nach Packungsanweisung einweichen. Den Fisch aus dem Fond nehmen, den Fond durchsieben, erhitzen und die ausgedrückte Gelatine darin unter Rühren auflösen. Mit Salz und Pfeffer abschmecken.

Die Möhren schälen, die Zucchini putzen, beide Gemüse in Würfel schneiden und in kochendem Salzwasser etwa 30 Sekunden blanchieren. Abgießen und abtropfen lassen. Die Oliven hacken.

Die Terrinenform mit Klarsichtfolie auslegen, die Hälfte der Gemüsewürfel hineingeben und mit etwas Fischfond begießen, sodass sie bedeckt sind. Die Form in den Gefrierschrank stellen, bis der Fond zu gelieren beginnt. Dann die Hälfte der Oliven daraufgeben und mit etwas Fond bedecken. Erneut im Gefrierschrank gelieren lassen.

Den Lachs darauflegen und restliche Gemüsewürfel sowie die Oliven darauf und daneben verteilen. Mit dem restlichen Fond begießen und über Nacht im Kühlschrank fest werden lassen.

Joghurt und die restlichen Zutaten miteinander zu einer Sauce verrühren. Die Terrine stürzen, die Folie vorsichtig abziehen und die Terrine in etwa 16 Stücke schneiden. Mit der Sauce servieren.

Lachsterrine mit Joghurtsauce

Für 8 Portionen
450 g Lachsfilet
600 ml Fischfond
Salz, Pfeffer
8 Blatt weiße Gelatine
2 Möhren
2 Zucchini
100 g schwarze Oliven ohne Stein
150 g Joghurt
2 El Senf
2 El frisch gehackte gemischte Kräuter
Zucker

Zubereitungszeit: ca. 60 Minuten (plus Gar- und Gelierzeit)
Pro Portion ca. 165 kcal/693 kJ
15 g E · 10 g F · 4 g KH

Krabbensoufflé

Krabbensoufflé

Das Krabbenfleisch auf 1 große Form oder 4 kleine Souffléförmchen verteilen. Die Butter in einem Topf schmelzen, das Mehl hinzufügen und unter Rühren anschwitzen. Mit der Milch ablöschen und aufkochen. Den Emmentaler einrühren und die Sauce mit Salz und Pfeffer abschmecken.

Den Backofen auf 220 °C (Umluft 200 °C) vorheizen. Die Eier trennen. Eigelb verquirlen, die Käsesauce damit legieren. Eiweiß mit etwas Zitronensaft steif schlagen und unter die Sauce heben. Die Sauce über die Krabben in die Förmchen füllen.

Die Soufflés im Ofen auf der mittleren Einschubleiste etwa 25 Minuten backen. Während dieser Zeit die Ofentür nicht öffnen.

Die Soufflés heiß mit gemischtem Salat servieren.

Für 4 Portionen
250 g gekochtes Krabbenfleisch
40 g Butter
40 g Mehl
250 ml Milch
100 g frisch geriebener Emmentaler
Salz, Pfeffer
4 Eier
1 Tl Zitronensaft

Zubereitungszeit: ca. 30 Minuten (plus Backzeit)
Pro Portion ca. 355 kcal/1491 kJ
28 g E · 24 g F · 8 g KH

Tipp

Am besten schmeckt das Soufflé mit Nordseekrabbenfleisch.

Wenn die Backofentür geöffnet wird, solange die Soufflés noch nicht fertig sind, kann es sein, dass der Eischnee zusammenfällt.

BUNTER SALAT MIT GEBRATENEN ZANDERSTÜCKEN

BUNTER SALAT MIT FRITTIERTEN TINTENFISCHRINGEN

BUNTER SALAT MIT ORANGEN-FILETS UND SCAMPI

BUNTER SALAT MIT GEBRATENEN MUSCHELN

BUNTER SALAT MIT MANGO UND GARNELEN

BUNTER SALAT MIT MARINIERTEM LACHS

Bunter Salat mit Langusten

Für 4–5 Portionen
2 Zwiebeln*
je 1 grüne und rote Paprikaschote*
200 g Strauchtomaten*
100 g Staudensellerie*
1 Knoblauchzehe*
2 gekochte Langustenschwänze à 230 g*
50 ml Olivenöl*
40 ml Orangensaft*
1 El Zitronensaft*
Salz, Pfeffer, Zucker

Zubereitungszeit: ca. 30 Minuten (plus Garzeit)
Pro Portion ca. 175 kcal/735 kJ
21 g E · 7 g F · 7 g KH

Bunter Salat mit Langusten
Die Zwiebeln schälen und vierteln. Die Paprikaschoten putzen, waschen, entkernen und wie die Zwiebeln in dünne Streifen schneiden. Die Tomaten waschen, von den Stielansätzen befreien, entkernen und achteln. Den Sellerie putzen, waschen und schräg in feine Streifen schneiden. Den Knoblauch schälen und hacken. Alles in einer Schüssel vermischen.

Die Langustenschwänze in kochendem Wasser kurz erwärmen. Dann herausnehmen und das Fleisch aus dem Panzer lösen. Langustenfleisch in Würfel schneiden.

Aus Olivenöl, Orangensaft, Zitronensaft, Salz, Pfeffer und etwas Zucker ein Dressing herstellen und über den Salat geben. Das Langustenfleisch unter den Salat heben und mit Selleriegrün garniert servieren.

Dazu schmeckt frischer Toast mit Butter.

* Die mit einem Sternchen versehenen Zutaten können ausgetauscht werden. Gewürze und Kräuter je nach Belieben.

Salat mit Krebsfleisch

Salat mit Krebsfleisch

Die Mayonnaise mit der Crème fraîche, dem Meerrettich, dem Olivenöl und der Chilisauce verrühren. Die Schalotte schälen und hacken. Unter die Creme rühren. Mit Weißweinessig, Zitronensaft, Salz und Tabasco würzen.

Für 6 Portionen
75 g Mayonnaise
75 g Crème fraîche
1/2 El frisch geriebener Meerrettich
1 El Olivenöl
2 El Chilisauce
1 Schalotte
1 El Weißweinessig
1 El Zitronensaft
Salz
1 Spritzer Tabasco
1/2 Eisbergsalat
1/2 Bund Brunnenkresse
250 g gegarte Flusskrebsschwänze ohne Schalen

Zubereitungszeit: ca. 20 Minuten
Pro Portion ca. 185 kcal/777 kJ
9 g E · 16 g F · 3 g KH

Den Eisbergsalat putzen, waschen, trocken schleudern und in dünne Streifen schneiden. Die Brunnenkresse waschen, trocken schleudern und die Blättchen von den Stängeln zupfen.

Das Krebsfleisch nach Bedarf klein schneiden.

Salat, Brunnenkresse und Krebsfleisch auf einer Platte anrichten und mit der Salatsauce überziehen.

Mit frischem Baguette servieren.

Kresse gehört zu den Wasserpflanzen, denn die Wurzeln entwickeln sich am besten, wenn sie direkt in Wasser oder feuchter Erde stehen. Daher werden Kressepflanzen mit Wurzeln in Kistchen mit Erde verkauft, die ständig feucht gehalten werden sollte.

Brunnenkresse gehört wie die Gartenkresse zu den bekanntesten der verschiedenen Kressesorten.

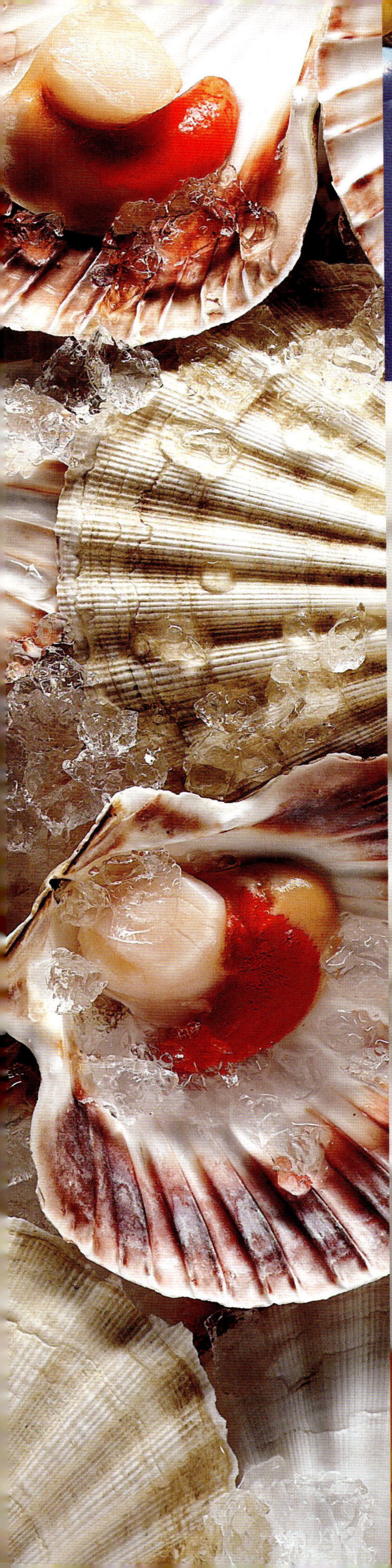

Für 4 Portionen
- 2 Schalotten
- 400 ml Milch
- 1 Lorbeerblatt
- 5 Pfefferkörner
- 1 Petersilienstängel
- 150 g Butter
- 30 g Mehl
- Salz
- Pfeffer
- 750 g Jakobsmuscheln ohne Schale
- 250 ml trockener Weißwein
- 1/2 Tl Senf
- 3 El Noilly Prat
- 1 Prise Cayennepfeffer
- 75 g geriebenes Weißbrot

Zubereitungszeit: ca. 20 Minuten
Pro Portion ca. 475 kcal/1995 kJ
27 g E · 21 g F · 34 g KH

Gratinierte Jakobsmuscheln

Gratinierte Jakobsmuscheln
Die Schalotten schälen und fein hacken. Die Milch mit 1 gehackten Schalotte, dem Lorbeerblatt, den Pfefferkörnern und dem Petersilienstängel erwärmen, nicht kochen. Nach 10 Minuten durchsieben. 30 g Butter in einem Topf schmelzen, das Mehl einrühren und eine Mehlschwitze herstellen. Mit der Milch ablöschen, unter Rühren sämig kochen, mit Salz und Pfeffer würzen.

30 g Butter in einer Pfanne erhitzen und die zweite gehackte Schalotte darin glasig schmoren. Die Jakobsmuscheln zugeben und den Wein angießen. Alles aufkochen und etwa 1 Minute bei milder Temperatur garen.

Die Jakobsmuscheln herausheben und beiseite stellen. Die Kochbrühe auf 1/4 der Menge einkochen.

Den Backofen auf 200 °C (Umluft 180 °C) vorheizen. Die Hälfte der Bèchamelsauce mit Senf, Noilly Prat, Cayennepfeffer würzen, die Kochbrühe hinzufügen und mit Salz und Pfeffer abschmecken. Die Jakobsmuscheln in Scheiben schneiden und in die Sauce geben.

Die Masse in 4 feuerfeste Formen oder 4 gesäuberte Jakobsmuschelschalen füllen. Die restliche Béchamelsauce darübergeben. Die Weißbrotkrümel mit der restlichen, flüssigen Butter mischen und über die Muscheln geben. Im Ofen etwa 15 Minuten überbacken.

Austern Rockefeller

Für 4 Portionen
24 geöffnete Austern in der halben Schale
grobes Meersalz
6 Scheiben durchwachsener Speck
500 g frischer Spinat
3 Frühlingszwiebeln
2 Knoblauchzehen
5 El Paniermehl
1 Spritzer Tabasco
2 El Pastis
Salz, Pfeffer
50 g frisch geriebenen Parmesan

Zubereitungszeit: ca. 30 Minuten (plus Backzeit)
Pro Portion ca. 211 kcal/886 kJ
21 g E · 8 g F · 13 g KH

Austern Rockefeller

Die Austern mit einem Messer aus der Schale lösen. Die Austernschalen mit einer Bürste säubern, dann das Austernfleisch wieder hineingeben.

Reichlich grobes Meersalz in eine Auflaufform geben und die Austernschalen fest daraufsetzen.

Den Backofen auf 180 °C (Umluft 160 °C) vorheizen. Die Speckscheiben in Streifen schneiden und in einer Pfanne knusprig rösten. Den Spinat waschen, putzen, harte Stiele entfernen. Die Frühlingszwiebeln putzen, waschen und hacken. Die Knoblauchzehen schälen und fein hacken. Spinat, Zwiebeln und Knoblauch zum Speck geben und unter Rühren 5 Minuten schmoren. Paniermehl, Tabasco und Pastis zugeben und mit Salz und Pfeffer abschmecken.

Die Mischung auf den Austern verteilen, mit Parmesan bestreuen und im Ofen etwa 15 Minuten backen. Heiß servieren.

2007 Weißburgunder QbA, trocken
Weingut Pieroth, Nahe

Ein kraftvoller, voluminöser Wein mit lebhafter Frische. In der Nase verbindet sich der Duft von reifer Honigmelone mit der jugendlichen Frische von grünem Apfel. Die ausgewogene Säure und der cremige, lang anhaltende Abgang verleihen ihm Harmonie und Fülle.

Krabbencocktail

Für 4 Portionen
1 Zitrone
150 ml Sahne
2–3 El Tomatenketchup
1 1/2 Tl Sahnemeerrettich
1 1/2 El Weinbrand
Salz, Cayennepfeffer
4 Kopfsalatblätter
400 g gekochtes Nordseekrabbenfleisch
1/2 Bund frisch gehackter Dill
1/2 Zutaten

Zubereitungszeit: ca. 15 Minuten
Pro Portion ca. 233 kcal/978 kJ
20 g E · 13 g F · 7 g KH

Krabbencocktail
Die Zitrone heiß abwaschen und 4 Scheiben davon abschneiden. Die restliche Zitrone auspressen und über die Krabben geben. Die Sahne steif schlagen und mit Ketchup, Sahnemeerrettich und Weinbrand mischen. Mit Salz und Cayennepfeffer abschmecken. Die Salatblätter waschen und trocken schleudern. 4 Cocktailgläser oder Schalen damit auslegen. Darauf die Krabben verteilen. Die Cocktailsauce über die Krabben geben und mit Dill garnieren. Die Zitronenscheiben an den Rand der Schalen stecken.
Mit frischem Toast und Butter servieren.

Das Vorkommen der **Nordseekrabben**, auch als Nordseegarnelen oder Granat bezeichnet, erstreckt sich vom weißen Meer bis zum Atlantik in Marokko. In Deutschland werden sie vor allem in der Nordsee mit Grundschleppnetzen gefangen. Die größeren Exemplare – vorwiegend Weibchen – werden direkt auf dem Krabbenkutter gekocht, dann konserviert und zum Schälen verschickt, bevor sie wieder nach Deutschland zum Verkauf kommen. Krabbenfleisch enthält sehr viel Eiweiß, Vitamin B12, Nikotinsäure, Kupfer und Zink.

Meeresfrüchtesalat mit Fenchel

Meeresfrüchtesalat mit Fenchel

Die Schale der Limette abreiben. Die Frucht auspressen. Die Grapefruit schälen und die Filets herauslösen, den Saft auffangen. Den Ingwer schälen und fein reiben. 5 El Limettensaft, 50 ml Grapefruitsaft, Limettenschale und Ingwer mit Currypulver, Salz, Cayennepfeffer, Sesamöl und 4 El Olivenöl verrühren.

Die Fenchelknollen putzen, den harten Strunk herausschneiden, die Fenchelknollen in hauchdünne Scheiben hobeln. Mit der Vinaigrette mischen und etwa 20 Minuten durchziehen lassen.

Den Tintenfisch nach Bedarf in dünne Ringe schneiden. Die Meeresfrüchte mit dem Fenchelsalat mischen.

Die Sesamkörner im restlichen Öl goldbraun rösten. Die Petersilie waschen, trocken schütteln und fein hacken. Beides unter den Salat heben und servieren.

Für 4 Portionen
1 unbehandelte Limette
1 Grapefruit
15 g frische Ingwerwurzel
1 El Currypulver
Salz
Cayennepfeffer
2 El Sesamöl
6 El Olivenöl
2 Fenchelknollen
je 300 g gekochtes Miesmuschelfleisch, gekochte Garnelen und gekochte Tintenfischtuben
15 g Sesam
1/2 Bund glatte Petersilie

Zubereitungszeit: ca. 40 Minuten (plus Zeit zum Durchziehen)
Pro Portion ca. 255 kcal/1071 kJ
11 g E · 17 g F · 13 g KH

Tipp
Das aromatische Öl der Sesamsamen verleiht dem Meeresfrüchtesalat einen feinen nussigen Geschmack. Das an Mineralien reiche Öl wird auch in der Heilkunde und Kosmetik eingesetzt.

SALAT MIT GARNELEN UND CHAMPIGNONS

SALAT MIT KREBSFLEISCH UND AUSTERNPILZEN

SALAT MIT MIESMUSCHELN UND STEINPILZEN

SALAT MIT GERÄUCHERTEM FORELLENFILET UND PFIFFERLINGEN

SALAT MIT ROTBARBENFILETS UND MORCHELN

SALAT MIT NORDSEEKRABBEN UND EGERLINGEN

Salat mit Jakobsmuscheln und Steinpilzen

Für 4 Portionen
12 TK-Jakobsmuscheln*
50 g Rucolasalat*
1 Friséesalat*
3 Schalotten*
½ Bund Petersilie*
200 g Steinpilze*
6 El Öl
3 El Sherryessig*
100 ml Madeira*
Salz
Pfeffer

Zubereitungszeit: ca. 30 Minuten (plus Bratzeit)
Pro Portion ca. 146 kcal/612 kJ
8 g E · 8 g F · 7 g KH

Salat mit Jakobsmuscheln und Steinpilzen
Die Muscheln auftauen lassen. Den Rucolasalat verlesen und putzen, den Frisée mundgerecht zupfen. Beide Salatsorten waschen und trocken schleudern. Die Schalotten schälen und fein hacken. Die Petersilie waschen, trocken schütteln und hacken. Die Steinpilze putzen, feucht abreiben und in dünne Scheiben schneiden. Die Muscheln abspülen und trocken tupfen.

2 El Öl erhitzen und die Steinpilze darin von jeder Seite etwa 2 Minuten braten. Anschließend warm stellen. Weitere 2 El Öl erhitzen und die Muscheln darin von jeder Seite 2 Minuten braten und herausnehmen. Das restliche Öl erhitzen und die Schalotten darin glasig schmoren. Mit Essig ablöschen, den Madeira angießen, mit Salz und Pfeffer würzen. Die Petersilie unterheben.

Salat, Steinpilze und Muscheln auf Tellern anrichten. Mit der warmen Vinaigrette übergießen und servieren.

* Die mit einem Sternchen versehenen Zutaten können ausgetauscht werden. Gewürze und Kräuter je nach Belieben.

Suppen und Eintöpfe

Besonders in Ländern, die über Küstenregionen verfügen, oder in Städten, die an großen Flüssen oder Seen liegen, steht Fisch bevorzugt auf dem Speiseplan.

Mittlerweile steigt die Zahl der Fischliebhaber und der Bedarf an Fisch generell immer mehr.

Insgesamt werden weltweit jährlich etwa 150 Millionen Tonnen Fisch gefangen, in den EU-Staaten allein etwa 8 Millionen Tonnen, wobei Norwegen, Dänemark und Spanien hier die größten Fischereinationen sind. Die größte Fischfangnation der Welt ist China mit rund 45 Millionen Tonnen jährlich, gefolgt von Peru, Indien, Japan und den USA. Deutschland liegt mit etwa 950 000 Tonnen weit abgeschlagen auf der Liste.

Uneingeschränkter Fischfang hat im Laufe der Jahre dazu geführt, dass 75 Prozent des Fischbestandes der Weltmeere von Überfischung bedroht sind. Dank dem Protest großer Umweltorganisationen haben sich die Fangbedingungen und Fangmethoden in den letzten Jahren geändert. Die einzelnen Nationen haben sich mittlerweile auf Fangquoten geeinigt, die zwar nach Einschätzung der Umweltorganisationen immer noch zu hoch sind – immerhin ein Anfang, so dass sich die Bestände einiger vom Aussterben bedrohter Speisefischarten wieder erholen konnten. Dennoch wird immer noch zu viel gefischt. Die Bestände von Kabeljau und Thunfisch zum Beispiel sind nach wie vor bedroht. Gefischt wird auf unterschiedliche Art: mit Netzen, Angeln und Ködern mit Reusen oder sogar mit Pflanzengiften, um nur einige Methoden zu nennen.

Das größte Fischfanggebiet für die Seefischer ist das küstennahe Schelf des Nord-Atlantik, denn dort sind die Lebensbedingungen für die Fische am besten.

Suppen und Eintöpfe

Eine cremige Suppe und kräftige Eintöpfe sind auch in der Fischküche eine beliebte Speise.

Mit frischem Gemüse, Kräutern und Gewürzen zubereitet, sorgen sie immer wieder für ein wunderbares Geschmackserlebnis. Eine pürierte Suppe aus frischen Tomaten, Zucchini, Spinat oder auch Meerrettich und Rote Bete können die Grundlage sein. Sie werden mit Fischstücken, Lachsstreifen oder Krabben, Garnelen, Krebsfleisch und Muscheln verfeinert. Das geschmackliche I-Tüpfelchen auf der Suppe bilden oft ein Sahnehäubchen oder frische Kräuterzweige – denn das Auge isst mit.

Unvergleichlich ist eine echte französische Fischsuppe aus Fischfilet, Tomatenmark und Safran zubereitet. Man bekommt sie in fast jedem südfranzösischen Lokal an einem Hafen oder am Meer. Dazu gibt es immer frisch geröstetes Baguette und selbst gemachtes Aioli mit viel Knoblauch.

Feine Sahnesuppen, mit Wein verfeinert und mit Hummer- oder Krebsfleisch angerichtet, machen bereits die Vorspeise eines Menüs zu einem geschmacklichen Höhepunkt.

Eintöpfe mit Fisch – egal ob sie ursprünglich zur Resteverwertung dienten oder als Speise armer Leute oder der Fischer, wie von der Bouillabaisse berichtet wird – haben diesen „Beigeschmack" längst zugunsten einer auch in wohlhabenden Kreisen steigenden Beliebtheit abgelegt.

TOMATENSUPPE AUS FRISCHEN
TOMATEN MIT AUSTERN

TOMATENSUPPE MIT
KREBSFLEISCH

BLUMENKOHLCREMESUPPE MIT
NORDSEEKRABBEN

ZUCCHINICREMESUPPE MIT GEBRATENEN SCAMPI

MEERRETTICHCREMESUPPE MIT GEBRATENEM LACHS

ROTE-BETE-SUPPE MIT FISCHWÜRFELN

Tomatensuppe mit Garnelen

Für 4 Portionen
2 Zwiebeln*
2 El Olivenöl*
800 g Tomaten aus der Dose*
1 El Cognac*
Salz, Pfeffer
1 Prise Zucker
250 g Tiefseegarnelen ohne Schale*
1/2 Bund Dill
200 g Crème fraîche*

Zubereitungszeit: ca. 15 Minuten (plus Garzeit)
Pro Portion ca. 267 kcal/1124 kJ
16 g E · 19 g F · 7 g KH

Tomatensuppe mit Garnelen
Die Zwiebeln schälen und fein hacken. Das Öl in einem Topf erhitzen und die Zwiebeln darin glasig schmoren. Die Tomaten mit der Flüssigkeit und dem Cognac hinzugeben und etwa 25 Minuten köcheln. Die Suppe pürieren und mit Salz, Pfeffer und Zucker abschmecken.

Die Garnelen in die Suppe geben und darin etwa 8 Minuten erhitzen.

Den Dill waschen, trocken schütteln und hacken. Mit der Crème fraîche in die Suppe rühren und mit frischem Brot servieren.

* Die mit einem Sternchen versehenen Zutaten können ausgetauscht werden. Gewürze und Kräuter je nach Belieben.

Aalsuppe

Aalsuppe

Den Katenschinkenknochen in 2 l Wasser etwa 1 Stunde kochen. Dann herausnehmen. Das Backobst in etwas warmem Wasser einweichen. Die Möhren und den Knollensellerie schälen und würfeln. Die Lauchstange putzen, waschen und in Ringe schneiden.

Für 4 Portionen
1 ausgelöster Katenschinkenknochen
175 g gemischtes Backobst
2 Möhren
1 Knollensellerie
1 Lauchstange
1 1/2 El Butter
1 El Mehl
500 g küchenfertiger Aal ohne Haut
1 El Essig
1 El Zucker
Salz
150 g TK-Erbsen
1 Birne
1/2 Bund frisch gehackte Petersilie

Zubereitungszeit: ca. 30 Minuten (plus Einweich- und Garzeit)
Pro Portion ca. 562 kcal/2362 kJ
26 g E · 34 g F · 37 g KH

Das Gemüse in die Schinkenbrühe geben. Das Fleisch vom Knochen lösen, klein schneiden und in die Brühe geben. Das Backobst mit dem Einweichwasser hinzufügen.

Aus 1 El Butter und dem Mehl einen Kloß formen und die Suppe sämig binden.

Den Aal in Würfel schneiden und in die Suppe geben, mit Essig, Zucker und Salz würzen und 20 Minuten ziehen lassen. Nach 15 Minuten die Erbsen zugeben.

Die Birne schälen, entkernen und in Spalten schneiden. In der restlichen Butter andünsten. Die Suppe mit Birnenspalten und Petersilie garniert servieren.

Backobst wird aus verschiedenen reifen Früchten hergestellt, die im Backofen, in speziellen Dörrgeräten oder im Freien bei hohen Temperaturen getrocknet werden. Größeres Obst wird dazu vorher in Scheiben oder Ringe geschnitten. Beim Trocknen steigt der Zucker-, Vitamin- und Mineralstoffgehalt in den Früchten, die Feuchtigkeit reduziert sich auf etwa 20 %. Allerdings erhöht sich auch der Kaloriengehalt. Zum Trocknen besonders geeignet sind Äpfel, Birnen, Pflaumen, Trauben, Pfirsiche und Aprikosen, auch Feigen und Datteln sowie mittlerweile andere Früchte werden getrocknet. Zur Verwendung in der Küche wird das Backobst eingeweicht oder zum Füllen von Fleisch und Geflügel eingesetzt.

Für 4 Portionen
300 g Meerforellenfilet
2 El Öl
Salz
20 g Ingwerwurzel
300 ml Sahne
1,5 kg Blattspinat
2 Zwiebeln
100 g kalte Butter
400 ml Gemüsebrühe
Cayennepfeffer
1 El abgeriebene Schale von 1 unbehandelten Orange

Zubereitungszeit: ca. 20 Minuten
(plus Einweich- und Garzeit)
Pro Portion ca. 355 kcal/1491 kJ
17 g E · 29 g F · 7 g KH

Spinatrahmsuppe mit Meerforellenfiletstreifen

Spinatrahmsuppe mit Meerforellenfiletstreifen
Das Meerforellenfilet waschen, trocken tupfen und im heißen Öl von beiden Seiten etwa 1 Minute braten. Salzen und zum Abkühlen beiseite stellen.

Den Ingwer schälen und fein reiben. 50 ml Sahne steif schlagen.

Den Spinat putzen, waschen und etwa eine Hand voll in Streifen schneiden. Den restlichen Spinat hacken. Die Zwiebeln schälen und hacken. 20 g Butter in einem Topf erhitzen und die Zwiebeln darin glasig schmoren. Den gehackten Spinat zugeben und 5 Minuten schmoren.

Die Brühe und die restliche Sahne zugeben, mit Salz, Cayennepfeffer und Ingwer würzen.

Die Suppe pürieren und durch ein Sieb streichen. Die restliche Butter mit dem Mixer unterrühren. Die Spinatstreifen zugeben, die Suppe aufkochen und die geschlagene Sahne unterheben.

Das Meerforellenfilet in 12 Scheiben schneiden und auf Tellern verteilen. Die Suppe darüber geben. Mit Orangenschale garnieren.

Französische Fischsuppe

Für 4 Portionen
450 g Weißfischfilet
½ Gemüsezwiebel
2 El frisch gehackte Petersilie
3 Lorbeerblätter
Saft von 1 Zitrone
10 weiße Pfefferkörner
175 g Tomatenmark
2 El edelsüßes Paprikapulver
1 Prise Safran, Salz, Pfeffer
100 g frisch geriebener Gruyère

Zubereitungszeit: ca. 30 Minuten (plus Kochzeit)
Pro Portion ca. 244 kcal/1025 kJ
30 g E · 9 g F · 10 g KH

Französische Fischsuppe
Das Fischfilet waschen, trocken tupfen und klein schneiden. Die Zwiebel schälen. Den Fisch mit der Zwiebel, der Petersilie, den Lorbeerblättern und dem Zitronensaft in 2,5 l Wasser aufkochen und etwa 30 Minuten köcheln. Die Pfefferkörner in die Suppe geben und 10 Minuten ruhen lassen. Die Suppe durch ein Sieb streichen und erhitzen.

Das Tomatenmark und die Gewürze einrühren und die Suppe um ein Drittel einkochen. Abschmecken.

Mit Knoblauchmayonnaise (Seite 74/75), gerösteten Baguettescheiben und geriebenem Gruyère servieren.

2006 Perrin Luberon Blanc
Perrin & Fils, Côtes du Luberon

Diese Weißweincuvee aus Grenache blanc, Bourboulenc und Ugni Blanc ist lebendig und frisch und überzeugt durch angenehme Aromen von Äpfel, Zitrusfrüchten und Haselnüssen mit erfrischender Säurestruktur und mittelkräftigem Körper.

Muschelsuppe mit Weißwein

Muschelsuppe mit Weißwein

Die Muscheln putzen, geöffnete Muscheln wegwerfen, unter fließendem Wasser abbürsten. Die Muscheln tropfnass in einen Topf mit 500 ml siedendem Wasser geben. Bei höchster Stufe und abgedeckt etwa 7 Minuten dünsten, bis sich die Schalen öffnen. Muscheln, die jetzt noch geschlossen sind, wegwerfen. Muscheln mit Sud beiseite stellen.

Zwiebel und Knoblauchzehe schälen und hacken. Die Butter erhitzen und beides darin unter Rühren glasig schmoren. Die Petersilie zugeben, das Mehl einstreuen und anschwitzen. Nach und nach Milch, Wein und 125 ml Muschelflüssigkeit angießen und unter Rühren aufkochen. Mit Pfeffer, Thymian und Lorbeer würzen.

Die Suppe abgedeckt etwa 10 Minuten köcheln. Die Muscheln in der Schale in die Suppe geben und darin 1 Minute erhitzen.

Mit geröstetem Brot servieren.

Für 4 Portionen

1 kg frische Venusmuscheln*
1 Zwiebel
1 Knoblauchzehe
40 g Butter
2 El frisch gehackte Petersilie
30 g Mehl
625 ml Milch
125 ml trockener Weißwein
Pfeffer
1/2 Tl getrockneter Thymian
1 Lorbeerblatt

Zubereitungszeit: ca. 30 Minuten (plus Koch und Garzeit)
Pro Portion ca. 400 kcal/1680 kJ
33 g E · 16 g F · 25 g KH

* Die mit einem Sternchen versehenen Zutaten können ausgetauscht werden. Gewürze und Kräuter je nach Belieben.

MIESMUSCHELSUPPE-VARIANTE

Krebssuppe

Krebssuppe

Die Zwiebel schälen und fein hacken. Die Butter in einem Topf schmelzen und die Zwiebel darin glasig schmoren. Das Mehl darüberstäuben und anschwitzen. Die Milch unter Rühren angießen. Das Krebsfleisch klein schneiden und etwa 20 Minuten in der Suppe garen.

Für 4 Portionen
1 Zwiebel
3 El Butter
2 El Mehl
1,15 l Milch
250 g gekochtes Krebsfleisch
90 ml Sherry
Salz, Pfeffer
Muskat
140 ml Sahne
½ Bund frisch geschnittener Schnittlauch

Zubereitungszeit: ca. 20 Minuten (plus Garzeit)
Pro Portion ca. 405 kcal/1701 kJ
22 g E · 24 g F · 18 g KH

Sherry und die Gewürze einrühren, alles weitere 5 Minuten garen.

Die Suppe nach Belieben pürieren. Die Sahne steif schlagen und unterheben. Mit Schnittlauch garniert servieren.

Tipp

Um eine Variante ohne Alkohol zuzubereiten, ersetzen Sie den Sherry durch die gleiche Menge an Hummerfond.

LANGUSTENEINTOPF MIT SAUCE MORNAY

LANGUSTENEINTOPF MIT SENFBUTTER

FISCHEINTOPF MIT AIOLI

MUSCHELEINTOPF MIT KRÄUTER-MAYONNAISE

MEERESFRÜCHTEEINTOPF MIT SÜẞKARTOFFELN

GARNELENEINTOPF MIT GLASNUDELN

Langusteneintopf mit Knoblauchmayonnaise

Für 4 Portionen
250 g Kartoffeln*
1 Bund Frühlingszwiebeln*
150 g Rucola*
1 l Hummerfond
(alternativ: Fischfond)*
1 Döschen Safran*
Salz, Pfeffer
50 g getrocknete Tomaten in Öl*
500 g gekochtes Langustenfleisch*

Für die Knoblauchmayonnaise
2 Eigelb
250 ml Olivenöl
2 Scheiben Weißbrot
100 ml Milch
8 Knoblauchzehen
Zitronensaft

Zubereitungszeit: ca. 20 Minuten (plus Garzeit)
Pro Portion ca. 910 kcal/3822 kJ
37 g E · 73 g F · 29 g KH

Langusteneintopf mit Knoblauchmayonnaise
Die Kartoffeln schälen und in Scheiben schneiden. Die Frühlingszwiebeln putzen, waschen und schräg in Stücke schneiden. Den Rucola putzen, waschen und trocken schütteln. Den Fond mit dem Safran aufkochen, die Kartoffeln etwa 10 Minuten darin garen. Mit Salz und Pfeffer würzen. Die Tomaten abtropfen lassen, in Streifen schneiden, das Langustenfleisch in Scheiben schneiden.

Die Frühlingszwiebeln, den Rucola, die Tomaten mit 6 El Einlegeöl und das Langustenfleisch in den Fond geben und alles etwa 10 Minuten erhitzen, nicht kochen.

Für die Mayonnaise Eigelb in einer Schüssel schaumig schlagen. Das Olivenöl zuerst tropfenweise, dann in dünnem Strahl zugießen und unter ständigem Rühren cremig schlagen. Das Weißbrot in der Milch einweichen, ausdrücken, zerzupfen und unter die Mayonnaise rühren. Die Knoblauchzehen schälen, fein hacken und ebenfalls unterrühren. Mit Salz, Pfeffer und Zitronensaft abschmecken und zum Langusteneintopf servieren. Dazu geröstetes Brot reichen.

* Die mit einem Sternchen versehenen Zutaten können ausgetauscht werden. Gewürze und Kräuter je nach Belieben.

Die **Bouillabaisse** ist die bekannteste provenzalische Fischsuppe, entstanden in Marseille, wahrscheinlich in den Küchen einfacher Fischer. Einige behaupten, sie wurde zuerst von Fischern aus Fischresten und Meerwasser gekocht, doch das ist nicht erwiesen. Zum ersten Mal erwähnt wird eine Fischsuppe dieser Art in einem Buch aus dem Jahre 1790, als Bouillabaisse à Marseillaise wird erst um 1830 ein Rezept bezeichnet, das auch hochwertige Zutaten wie Languste enthielt.

Bouillabaisse

Bouillabaisse

Die Fischfilets waschen, trockentupfen und mit etwas Zitrone beträufeln. 20 Minuten ziehen lassen. Die Muscheln waschen, geöffnete Exemplare wegwerfen. Muscheln säubern und in Salzwasser 15 Minuten garen, danach noch geschlossene Muscheln wegwerfen. Inzwischen die Zwiebeln, die Karotte, die Kartoffeln schälen und würfeln. Lauch und Sellerie putzen, waschen und klein schneiden. Den Knoblauch schälen und mit etwas Salz zerdrücken. Die Kräuter zu einem Sträußchen zusammenbinden.

Für 4–6 Portionen
750 g Fischfilet (z. B. Seeteufel, Makrele, Scholle, Merlan, Seelachs)
2 El Zitronensaft
500 g Muscheln
Salz
1 Zwiebel
1 Karotte
4 Kartoffeln
1 Lauchstange
1 Stange Staudensellerie
4 Knoblauchzehen
1 Lorbeerblatt
1 Thymianzweig
2 Petersilienstängel
50 ml Olivenöl
1,25 l Fischbrühe
Pfeffer
1 Dose Safranfäden
etwas abgeriebene unbehandelte Orangenschale
12 Scampi mit Schale
3 Tomaten

Zubereitungszeit: ca. 40 Minuten (plus Garzeit)
Pro Portion ca. 637 kcal/2674 kJ
56 g E · 28 g F · 38 g KH

Das Öl in einem Topf erhitzen und das Gemüse darin anbraten. Das Kräutersträußchen und den Knoblauch dazugeben und die Fischbrühe angießen. Mit Salz und Pfeffer würzen, den Safran und die Orangenschale zugeben und alles 10 Minuten köcheln, dann die Fischfilets dazugeben und in der heißen, nicht mehr kochenden Brühe 15–20 Minuten ziehen lassen. Nach etwa 10 Minuten die Scampi hinzufügen. Die Tomaten waschen, die Stielansätze entfernen und die Früchte in Scheiben schneiden. Kurz vor dem Servieren die Muscheln und Tomaten in die Suppe geben und erwärmen.
Mit Brot und Aioli servieren.

Hauptbestandteil einer „echten" **Bouillabaisse** sind verschiedene Mittelmeerfische (Drachenkopf, Seeteufel, Rotbarben, Meeraal, Petersfisch, Knurrhahn, eine Barschart), Meeresfrüchte und Gemüse, die in einer Brühe gekocht werden. Traditionell werden sieben Fischsorten verwendet, gekocht und auf einer Platte serviert. Die Kochbrühe wird passiert, mit Wein verfeinert und etwas angedickt. Sie wird in Tellern auf frisch geröstetem Baguette serviert. Dazu wird eine scharfe Knoblauchmayonnaise gereicht, die als Rouille bezeichnet wird.

In anderen Variationen werden Fische, Gemüse und Brühe als Eintopf zubereitet, Brot und Mayonnaise extra gereicht.

2006 Bourgogne Chardonnay Signé Cave de Vignerons de Buxy, Burgund

Leutend gelb in seiner Farbe, zeigt sich der Chardonnay mit einem runden, weichen Körper im Mund. Seine pikanten fruchtigen Noten werden unterstrichen durch einen zarten Schmelz und wenig Säure. Finessenreich und sehr angenehm.

Für 4 Personen
2 lebende Hummer (à 500 g), alternativ 2 TK-Hummer
1 l Hummerfond aus dem Glas
1 El Speisestärke
Salz, Cayennepfeffer
125 ml Sahne
2 El Weinbrand
1/2 Bund Kerbel

Zubereitungszeit: ca. 30 Minuten (plus Kochzeit)
Pro Portion ca. 368 kcal/1544 kJ
52 g E · 15 g F · 5 g KH

Hummersuppe mit Kerbel

Hummersuppe mit Kerbel

Die Hummer kopfüber in reichlich sprudelndes Salzwasser geben, aufkochen und etwa 12 Minuten im offenen Topf kochen. Die TK-Hummer auftauen lassen und garen. Herausnehmen und abkühlen lassen. Dann das Fleisch aus Schwanz und Scheren herauslösen. Dazu die Scheren und den Schwanz drehend vom Rumpf ablösen. Den Schwanz längs halbieren und den Darm entfernen.

Den Hummerfond in einen Topf geben und auf 600 ml einkochen. Die Speisestärke mit 2 El kaltem Fond anrühren und die Suppe unter Rühren damit binden. Mit Salz und Cayennepfeffer abschmecken. Weitere 5 Minuten köcheln.

Die Sahne steif schlagen. Mit dem Weinbrand in die Suppe geben. Mit dem Pürierstab schaumig aufschlagen. Das Hummerfleisch auf vier Teller verteilen und die Suppe darübergießen. Kerbel waschen, trocken schütteln und hacken. Die Hummersuppe mit Kerbel bestreut servieren.

Fenchelsuppe mit Venusmuscheln und Orangen

Für 4 Portionen
3 Fenchelknollen mit Grün
2 Orangen
2 Zwiebeln
50 g Butter
1 El Senf
1 Tl eingelegter grüner Pfeffer
800 ml Hühnerbrühe
1 kg Venusmuscheln
3 El Sahne
Salz

Zubereitungszeit: ca. 45 Minuten (plus Kochzeit)
Pro Portion ca. 467 kcal/1964 kJ
43 g E · 20 g F · 29 g KH

Fenchelsuppe mit Venusmuscheln und Orangen
Fenchel putzen, waschen, den Strunk entfernen und das Grün beiseite legen. 2/3 der Fenchelknollen in Stücke, 1/3 in Würfel schneiden. Die Orangen schälen und filetieren. Die Hälfte der Filets klein schneiden. Die Zwiebeln schälen, 1 Zwiebel würfeln, die andere in dünne Scheiben schneiden.

25 g Butter erhitzen und die Zwiebelwürfel darin glasig schmoren. Fenchelstücke und kleine Orangenstücke 4 Minuten darin mitschmoren. Senf, grünen Pfeffer und Hühnerbrühe hinzufügen und 25 Minuten köcheln. Die Suppe anschließend pürieren und durch ein Sieb streichen.

Die Muscheln waschen, geöffnete Exemplare wegwerfen, bürsten und in 125 ml kochendem Wasser etwa 7 Minuten abgedeckt garen, bis sich die Schalen öffnen. Jetzt noch geschlossene Muscheln wegwerfen. 20 Muscheln mit Schale beiseite legen. Das restliche Muschelfleisch aus der Schale lösen.

Die restliche Butter in einem Topf schmelzen, die Zwiebelscheiben und das Fenchelgrün darin schmoren.

Muschelsud und Fenchel-Orangen-Sud aufkochen, die Fenchelwürfel darin 5 Minuten köcheln, die Sahne einrühren und mit Salz und Pfeffer würzen. Das Muschelfleisch und die Muscheln in der Schale in die Suppe geben und erwärmen. Die Suppe auf Teller verteilen, mit den restlichen Orangenfilets garniert servieren.

Orangen sind die Früchte des Orangenbaumes, der bereits vor über 4000 Jahren in China kultiviert wurde. Später gelangten sie über die Araber nach Spanien, und diese brachten die Frucht im 16. Jahrhundert nach Florida, wo sie noch heute angebaut wird. Die wichtigsten Orangensorten sind die Navelorange, die Valencia-Orange, die Blutorange und die Bitterorange oder Pomeranze. Von der Bitterorange stammen jedoch alle süßen Sorten ab.

Der Saft und das Fruchtfleisch der Orangen können zum Kochen und Zubereiten von Süßspeisen verwendet werden. Die abgeriebene Schale wird wegen ihrer ätherischen Öle zum Aromatisieren verwendet. Orangen enthalten sehr viel Vitamin C und Kalium. Sie wirken harntreibend und verdauungsfördernd. Als Badezusatz wirkt Orangenöl krampflösend.

Kartoffelsuppe mit Krabben

Die Kartoffeln und die Zwiebeln schälen und würfeln. Die Butter in einem Topf erhitzen. Die Kartoffeln und Zwiebeln darin unter Rühren anschmoren. Fischfond und 200 ml Wasser angießen, die Sahne einrühren. Die Mischung abgedeckt etwa 20 Minuten garen. Mit Salz, Pfeffer und Majoran würzen.

Die Brunnenkresse waschen, die Blättchen von den Stielen zupfen, hacken und in die Suppe rühren. Die Suppe pürieren. Abschmecken. Die Krabben in der Suppe erwärmen und servieren.

Für 4 Portionen
450 g Kartoffeln
2 Zwiebeln
30 g Butter
800 ml Fischfond aus dem Glas
125 ml Sahne
Salz
Pfeffer
1 Tl getrockneter Majoran
1 Bund Brunnenkresse
300 g Krabben*

Zubereitungszeit: ca. 30 Minuten (plus Garzeit)
Pro Portion ca. 353 kcal/1480 kJ
21 g E · 20 g F · 22 g KH

Kartoffelsuppe mit Krabben

* Die mit einem Sternchen versehenen Zutaten können ausgetauscht werden.

KARTOFFELSUPPE MIT ROTBARSCH

Minestrone mit Meeresfrüchten

Minestrone mit Meeresfrüchten

Die TK-Meeresfrüchte auftauen lassen. Den Speck würfeln. Die Schalotten und den Knoblauch schälen und hacken. Den Sellerie schälen und würfeln, das Weißkraut putzen, den harten Strunk entfernen und die Kohlblätter in Streifen schneiden. Den Lauch putzen und die hellgrünen und weißen Teile in Ringe schneiden. Die Tomaten waschen, von den Stielansätzen befreien, häuten, entkernen und würfeln. Die Erbsen antauen lassen.

Den Speck in 3 El erhitztem Öl knusprig braten. Schalotten, Knoblauch, Weißkraut und Sellerie zugeben und unter Rühren andünsten. Das Tomatenmark einrühren, den Hummerfond und 600 ml Wasser angießen, die Suppe mit Salz und Pfeffer würzen und 5 Minuten köcheln. Dann Lauch, Erbsen und die Tomaten zugeben und weitere 5 Minuten garen.

Für 4 Portionen
1,5 kg TK-Meeresfrüchte
40 g durchwachsener Speck
100 g Schalotten
3 Knoblauchzehen
150 g Knollensellerie
150 g Weißkraut
1 Lauchstange
300 g Tomaten
150 g TK-Erbsen
6 El Öl
1 El Tomatenmark
400 ml Hummerfond aus dem Glas
Salz
Pfeffer
1/2 Bund Basilikum
50 g frisch geriebener Parmesan

Zubereitungszeit: ca. 30 Minuten (plus Schmor- und Garzeit)
Pro Portion ca. 525 kcal/2205 kJ
71 g E · 17 g F · 20 g KH

Das restliche Öl in einem Topf erhitzen und die Meeresfrüchte darin andünsten. Abgedeckt etwa 8 Minuten schmoren. Die Meeresfrüchte mit Bratfond in die Suppe geben. Das Basilikum waschen, trocken schütteln und in feine Streifen schneiden.

Die Suppe mit Basilikum und Parmesan bestreut servieren. Dazu Ciabatta reichen.

Roh, gebeizt und mariniert

Früh am Morgen, kurz vor dem Sonnenaufgang, ist die beliebteste Zeit für den Angler zum Fischen.

Wenn es gerade hell wird, liegt die Wasseroberfläche glatt und ruhig da. Die Fische kommen an die Oberfläche, um Insekten zu fressen und schnappen den Köder.

Roher Fisch ist eine Delikatesse, die unbedingt frisch verzehrt werden sollte. Das Eiweiß ist sehr empfindlich und beginnt schnell zu verderben, wenn der Fisch nicht auf Eis gelagert wird. Doch dieses Argument lässt Liebhaber roher Fischspezialitäten sprichwörtlich kalt. Die bekannteste ist sicher das Sushi. Die Urform soll aus China stammen und von dort nach Japan gelangt sein. Der Fisch wurde durch Salz haltbar gemacht, eine gängige Methode zum Konservieren von Fisch und Fleisch – nicht nur in Asien. Später kam der Reis ins Spiel. Es gibt Berichte, dass in Japan der gesalzene Fisch in ungegarten Reis gelegt wurde. Die rohen Reiskörner beschleunigten den Gärungsprozess. Gegessen wurde danach nur der Fisch. Erst später führten Hungersnöte dazu, dass auch der Reis gegessen wurde. Anfang des 19. Jahrhunderts soll ein Fischhändler geformte Reisbällchen mit rohem Fisch belegt haben.

Roh, gebeizt und mariniert

Die Argumente der Feinschmecker: Roh, gebeizt oder mariniert ist Fisch einfach unschlagbar, was seinen Geschmack und den Nutzen für die Gesundheit angeht.

Keine Nährstoffe werden durch Garen zerstört, das leicht verdauliche Eiweiß bleibt ebenfalls erhalten und enthält kaum Kalorien. Sushi zum Beispiel wurde vielfach variiert und hat schon lange die Grenzen Japans überschritten, um in der übrigen Welt als Leckerbissen in Feinschmeckerrestaurants Karriere zu machen. Sushirezepte sind relativ einfach in der Ausführung, mit und ohne Reis, mit und ohne Noriblätter.

Doch es gibt auch zahlreiche andere Möglichkeiten, rohen Fisch zuzubereiten, zum Beispiel durch Marinieren und Beizen. Auch das sind Methoden des Haltbarmachens. Früher wurden Fisch und Fleisch getrocknet oder durch Einlegen in Salzlake vor allem für lange Seereisen konserviert. Beim Beizen bzw. Marinieren wird die Salzlake durch eine Flüssigkeit ersetzt, die meist aus Essig oder Zitrussaft, verschiedenen Gewürzen und Öl besteht. Der Fisch wird in ganz dünne Scheiben geschnitten, kleine Fische werden aufgeschnitten und mit der Marinade vollständig überzogen.

Die in das Fleisch eindringenden Säuren machen es aromatisch und zart. Das feine Eiweiß des Fisches wird allein durch diesen Vorgang fest. Während mariniertes Fleisch oft noch gebraten oder gekocht wird, wird marinierter Fisch roh mit der Marinade gegessen. Beispiele sind die italienischen Aciunghe (eingelegte Sardellen oder Anchovis) oder Lachs in einer Kräutermarinade. Saiblingsfilet in Walnussöl oder Lachstatar im Kartoffelnest sind ebenfalls sehr zu empfehlen.

Oberste Priorität bei allen Gerichten mit ungekochtem Fisch ist die Frische. Achten Sie beim Kauf auf jeden Fall auf Sushi-Qualität.

THUNFISCHCARPACCIO MIT ROTE-LINSEN-SALAT

THUNFISCHCARPACCIO MIT GESCHMORTEM GEMÜSE

SEEZUNGENCARPACCIO IN SHERRY-DRESSING

WOLFSBARSCH-CARPACCIO MIT WEIßER BALSAMICO-VINAIGRETTE

LACHSCARPACCIO MIT DILL-VINAIGRETTE

SAIBLINGSCARPACCIO MIT HIMBEER-ORANGEN-DRESSING

Thunfischcarpaccio mit Balsamico-Vinaigrette

Für 4 Portionen
350 g frischer Thunfisch in Sushiqualität*
1 Schalotte*
2 El Olivenöl*
2 El Aceto Balsamico*
Salz, Pfeffer
3 Tl Kapern aus dem Glas*

Zubereitungszeit: ca. 20 Minuten (plus Zeit zum Gefrieren)
Pro Portion ca. 225 kcal/945 kJ
20 g E · 16 g F · 1 g KH

Thunfischcarpaccio mit Balsamico-Vinaigrette
Den Thunfisch für 2–3 Stunden ins Gefrierfach legen, bis er fest ist. Dann mit der Schneidemaschine oder einem scharfen Messer in sehr feine Scheiben schneiden. Die Schalotte schälen und sehr fein hacken.

Das Olivenöl mit dem Balsamessig, Salz und Pfeffer verrühren. Die Kapern abtropfen lassen und hacken. Die Schalotte und die Kapern in die Vinaigrette rühren.

Die Thunfischscheiben auf Tellern anrichten und mit der Vinaigrette beträufeln. Dazu schmeckt frisch getoastetes Weißbrot.

* Die mit einem Sternchen versehenen Zutaten können ausgetauscht werden. Gewürze und Kräuter je nach Belieben.

Kapern sind die ungeöffneten Blütenknospen des Kapernstrauches, der am Mittelmeer beheimatet ist. Die dornige Pflanze rankt an Wänden und Steinen entlang. Ihre Blüten sind blassrosa. Kapern werden in einer Lake aus Salz, Essig oder Wein eingelegt. Sie verleihen Mayonnaise, pikanten Saucen für Fleisch, Fisch und Geflügel einen säuerlichen Geschmack. Kapern enthalten ein Bitterglykosid. Sie wirken appetitanregend und verdauungsfördernd.

Marinierte Saiblingsfilets in Walnussöl

Marinierte Saiblingsfilets in Walnussöl
Die Filets waschen, trocken tupfen und mit der Hautseite nach unten in eine Schale legen. Die Wacholderbeeren, Pfefferkörner und 1 El Senfkörner mit den Rosmarinnadeln, Zucker und Salz fein mahlen und mit 2 El Walnussöl mischen. Diese Mischung auf den Fischfilets verteilen und abgedeckt 1 Tag durchziehen lassen.

Für 6 Portionen
6 Saiblingsfilets mit Haut
5 Wacholderbeeren
5 schwarze Pfefferkörner
2 El Senfkörner
½ El Rosmarinnadeln
10 g Zucker
15 g Salz
4 El Walnussöl
100 g Möhren
75 g Schalotten
2 El Himbeeressig
Salz, Pfeffer, Zucker
½ Bund Dill

Zubereitungszeit: ca. 20 Minuten (plus Zeit zum Durchziehen)
Pro Portion ca. 200 kcal/840 kJ
30 g E · 7 g F · 4 g KH

Die Möhren schälen und schräg in Scheiben schneiden. Die Schalotten schälen und in dünne Ringe schneiden. Die restlichen Senfkörner in Wasser aufkochen, das Gemüse darin 1 Minute garen, abgießen und abtropfen lassen. Mit dem Himbeeressig, restlichem Öl, Salz, Pfeffer und Zucker mischen.

Den Dill waschen, trocken schütteln und fein hacken. Unter die Möhren-Schalotten-Mischung heben. Die marinierten Filets auf einer Platte anrichten und servieren.

Wacholderbeeren sind die Zapfen des Wacholderstrauchs, der als Strauch oder Baum in Nadelwäldern wächst und bis zu 12 Meter hoch werden kann. Aus den Blüten des Wacholders entwickeln sich zuerst grüne Beeren, die sich nach einiger Zeit blauschwarz oder violett färben und eine weintraubenähnliche Haut bekommen. Sie riechen durchdringend harzig und schmecken leicht bitter. Im Ganzen oder zerdrückt werden Wacholderbeeren zum Würzen von Wild, Geflügel, Kaninchen, Kohl und Fisch verwendet. Auch alkoholische Getränkes, wie Gin, Biere, Aquavit und Schnäpse enthalten Wacholderbeeren.

Für 4 Portionen	100 g Maisstärke
350 g frisches Lachsfilet	1/2 Tl Salz
1–2 Tl eingelegter grüner Pfeffer	1 l Frittieröl
2 cm frischer Ingwer	2 Tl frisch geriebener Meerrettich
abgeriebene Schale und Saft von 1 unbehandelten Zitrone	Dill zum Garnieren
3 El Sojasauce	
2 El Traubenkernöl	
400 g Kartoffeln	

Zubereitungszeit: ca. 30 Minuten
(plus Zeit zum Kühlen und Frittieren)
Pro Portion ca. 418 kcal/1754 kJ
19 g E · 21 g F · 38 g KH

Lachstatar im Kartoffelnest

Lachstatar im Kartoffelnest

Das Lachsfilet hacken. Den grünen Pfeffer und den geschälten Ingwer fein hacken. Das Lachstatar mit Pfeffer, Ingwer, Zitronenschale und -saft, 2 El Sojasauce und Öl mischen und das gehackte Lachsfilet unterheben. Zum Durchziehen 1 Stunde in den Kühlschrank stellen.

Die Kartoffeln schälen, reiben und in einem Tuch ausdrücken. Mit Maisstärke und Salz mischen. Ein Viertel der Kartoffelmasse nestförmig in ein Sieb (ca. 13 cm Durchmesser) drücken und mit einem zweiten Sieb verschließen. Im heißen Frittieröl knusprig ausbacken und abtropfen lassen. Das Kartoffelnest vorsichtig aus dem Sieb lösen. Die restlichen 3 Kartoffelportionen ebenso zubereiten.

Das Lachstatar mit Meerrettich und restlicher Sojasauce würzen. Auf die Kartoffelnester verteilen und sofort servieren. Mit Dill garnieren.

Marinierter Lachs

Für 5 Portionen
4 rote Chilischoten
40 g Ingwerwurzel
je 4 Piment-, Koriander- und Pfefferkörner
40 g Salz
45 g Zucker
4 El Limettensaft
3 frische Zitronengrasstängel
1/2 Bund Koriander
500 g Lachs mit Haut (ohne Gräten)
1 Orange (unbehandelt)
3 El Sojasauce
2 El Tomatenmark
150 g Crème fraîche
1 Kästchen Kresse

Zubereitungszeit: ca. 30 Minuten (plus Zeit zum Kühlen und Frittieren)
Pro Portion ca. 300 kcal/1260 kJ
22 g E · 17 g F · 16 g KH

Marinierter Lachs
Die Chilischoten putzen, entkernen und hacken. Den Ingwer schälen, 30 g grob hacken. Den Chili mit dem Ingwer, den Gewürzkörnern, Salz, Zucker und 3 El Limettensaft pürieren. Das Zitronengras putzen, in dünne Ringe schneiden. Den Koriander waschen, trocken schütteln und 3/4 davon hacken. Koriander und Zitronengras mit der Chili-Ingwer-Paste mischen.

Den Lachs mit der Hautseite nach unten in eine Schale legen und mit der Würzpaste bestreichen. Die Orange heiß waschen und in Scheiben schneiden. Auf den Fisch legen. Mit Klarsichtfolie abdecken und 24 Stunden marinieren lassen. Einmal wenden.

Den restlichen Ingwer fein hacken und mit dem restlichen Limettensaft, der Sojasauce und dem Tomatenmark verrühren.

Den Lachs abspülen und trocken tupfen. Dann in Scheiben schneiden und auf Teller verteilen. Die Crème fraîche mit dem restlichen Koriander und der Kesse mischen und zum Lachs reichen.

Das intensiv nach Zitrusfrüchten duftende **Zitronengras**, Citronella, ist vor allem in der asiatischen Küche ein sehr beliebtes Gewürz für Suppen, Fleisch- und Fischmarinaden und Saucen. Die dicken, festen Stängel müssen vor dem Zubereiten von den äußeren, harten Blättern befreit werden. Das Innere, oft auch nur der weiße Teil, wird fein gehackt oder mit einem Messerrücken zerdrückt. So wird der intensive Geschmack freigesetzt.

Kresse sollte frisch und möglichst roh gegessen werden, dann ist ihr Vitamingehalt (A und C) am höchsten. Außerdem enthält sie Kalium, Kalzium, Magnesium und B-Vitamine. Sie wirkt appetitanregend, harntreibend und darmreinigend.

Eingelegte Anchovis in Zitronensauce
Die Knoblauchzehe schälen und in dem Limonensaft etwa 1 Stunde ziehen lassen. Die Zehe entfernen, wenn der Limonensaft den Geschmack angenommen hat.

Inzwischen die Anchovis waschen, die Köpfe abschneiden, den Bauch aufschneiden und ausnehmen. Die Fische innen ausspülen und aufklappen. Mit der Hautseite nach unten auf eine Metallplatte legen.

Den Limonensaft mit dem Öl, 1 El Petersilie, Salz und Pfeffer verrühren und über die Anchovis geben. Mit Folie abdecken und über Nacht durchziehen lassen.

Die Tomaten häuten, entkernen und fein würfeln. Die Anchovis mit den Tomatenwürfeln und der restlichen Petersilie bestreut servieren. Dazu frisches Ciabatta reichen.

Eingelegte Anchovis in Zitronensauce

Für 4 Portionen
1 Knoblauchzehe
Saft von 2–3 Limonen
500 g sehr frische Anchovis
6 El Olivenöl
1 1/2 El fein gehackte glatte Petersilie
Salz, Pfeffer
1 Tomate

Zubereitungszeit: ca. 30 Minuten (plus Marinierzeit)
Pro Portion ca. 480 kcal/2016 kJ
19 g E · 45 g F · 1 g KH

Anchovis oder **Sardellen** sind kleine Fische mit schmalem Körper. Die Augen treten leicht hervor, die Fische haben eine tiefe Maulspalte und einen stark betonten Unterkiefer. Die Farbe ist hell- bis blaugrün, mit einem Silberstreifen seitlich. Die bis zu 20 cm langen und etwa 50 g schweren Fische werden gerne als Zutat für Pasten, Butter, Tapenade, Anchoiade und Würzsaucen verwendet. Frisch gibt es sie nur selten, da sie schnell verderben. Sie sind in Gläsern, Dosen, in Salzlake oder in Öl eingelegt. In einer Marinade aus Zitronensaft eingelegt oder gebacken und gegrillt gehören sie zu den unverzichtbaren Vorspeisen der Mittelmeerländer.

Sashimi mit Thunfisch und Zander

Sashimi mit Thunfisch und Zander

Die Fischfilets waschen und trocken tupfen. Noch vorhandene Gräten entfernen. Den Thunfisch in dünne Streifen schneiden. Die Möhre schälen, die Frühlingszwiebel putzen und beide in dünne Stifte schneiden. Die Kräuter waschen, trocken schütteln und fein hacken.

Das Zanderfilet dünn mit Wasabi bestreichen. Thunfisch, Gemüsestifte und Kräuter darauflegen und den Zander zusammenrollen. Die Rolle in dünne Scheiben schneiden und auf einer Platte anrichten. Mit Wasabi, Sojasauce und eingelegtem Ingwer zum Dippen servieren.

Für 4 Portionen
400 g Zanderfilet
200 g frisches Thunfischfilet
1 Möhre
1 Frühlingszwiebel
je 1/2 Bund Schnittlauch und Dill
Wasabi
Sojasauce
eingelegter Ingwer

Zubereitungszeit: ca. 20 Minuten
Pro Portion ca. 106 kcal/446 kJ
16 g E · 4 g F · 2 g KH

Tipp

Wichtig bei Sashimi ist, dass der Fisch wirklich ganz frisch ist und dass die Scheiben vor dem Servieren gut gekühlt werden. Daher ist es gut, wenn Sie soweit möglich ganze Fische kaufen und sie selbst filetieren.

FUTOMAKI MIT THUNFISCH

FUTOMAKI MIT TINTENFISCH

FUTOMAKI MIT GARNELEN

FUTOMAKI MIT DORADE

FUTOMAKI MIT LACHS

FUTOMAKI MIT ZANDER

Futomaki mit Weißfisch

Für etwa 12 Stück
200 g Seezungenfilet*
3 Kerbelzweige*
2 Tl Korianderkörner*
2 El gehackter eingelegter Ingwer*
2 Noriblätter
300 g gekochter Sushi-Reis
Wasabi
Sojasauce

Zubereitungszeit: ca. 20 Minuten
Pro Portion ca. 104 kcal/437 kJ
5 g E · 1 g F · 20 g KH

Futomaki mit Weißfisch
Den Fisch waschen, trocken tupfen und in Streifen schneiden. Den Kerbel waschen, trocken schütteln und hacken. Den Koriander im Mörser zerkleinern.

Jeweils ein Noriblatt auf eine Bambusmatte zum Sushibereiten legen. Den gekochten Sushi-Reis darauf legen und flach drücken. Darauf Fischstreifen, Ingwer, Kerbel, Koriander und Wasabi geben. Die Noriblätter mithilfe der Matte zusammenrollen und fest drücken.

Das Futomaki in Röllchen schneiden und mit Wasabi und Sojasauce anrichten.

* Die mit einem Sternchen versehenen Zutaten können ausgetauscht werden. Gewürze und Kräuter je nach Belieben.

Sushi Temaki mit Forelle

Sushi Temaki mit Forelle
Das Fischfilet waschen, trocken tupfen und von noch vorhandenen Gräten befreien. Das Filet in 8 dünne Scheiben schneiden. Die Limette heiß abwaschen und halbieren. Eine Hälfte auspressen und den Fisch damit beträufeln. Die andere Hälfte in 8 dünne Spalten schneiden. Den Koriander waschen, trocken schütteln und hacken.

Für 8 Stück
150 g Lachsforellenfilet
1 unbehandelte Limette
1/2 Bund Koriander
4 Noriblätter
300 g gekochter Sushi-Reis
Wasabi
Sojasauce
eingelegter Ingwer

Zubereitungszeit: ca. 15 Minuten
Pro Portion ca. 166 kcal/698 kJ
6 g E · 2 g F · 30 g KH

Die Noriblätter quer halbieren und je ein halbes Blatt auslegen. 1/8 Reis darauf verteilen und festdrücken. Etwas Wasabi auf den Reis geben. Eine Scheibe Lachsforelle, 1 Limettenspalte, Koriander darauflegen und das Blatt tütenförmig zusammenrollen. Mit den übrigen Noriblättern genauso verfahren. Sushi Temaki mit Wasabi, Sojasauce und eingelegtem Ingwer anrichten.

Unter **Nori** werden in Japan verschiedene Algenarten der Gattung der Schwarz- und Rotalgen zusammengefasst. Diese Algen kommen in fast allen Weltmeeren vor, werden aber vor allem in Japan erfolgreich kultiviert. Nori wird frisch und getrocknet angeboten. Die frisch hellen oder roten Algen werden durch das Trocknen dunkelbraun, beim Kochen grün. Nori wird zum Rollen von Sushi mit Reis verwendet, aber auch als Zutat in Suppen, Salaten oder Brot. Vor der Verwendung werden die Algen über kleiner Flamme geröstet. So entfalten sie noch mehr Aroma. Nori enthält sehr viel Jod und Vitamin A.

Aus Pfanne und Wok

Fische und Meeresfrüchte gehören zu den Hauptnahrungsmitteln Asiens.

Viele Länder verfügen über ausgedehnte Küstengebiete, die zum Fischfang einladen. Entsprechend groß ist die Zahl der Fischer in diesen Ländern. Und auf den asiatischen Fischmärkten findet man täglich eine reichhaltige Auswahl an Fischen, Muscheln und Krustentieren.

In Asien wie in vielen anderen Ländern essen nicht alle Menschen Fleisch – manchmal spielen religiöse Gründe eine Rolle, bei anderen Menschen ist es die Lebensauffassung, nach der sie kein Fleisch von Säugetieren essen. Ein dritter, immer wichtiger werdender Aspekt, ist der gesundheitliche Nutzen von Fisch. Mediziner betonen immer wieder, wie wertvoll Fisch ist. Fisch liefert nicht nur wertvolles Eiweiß, auch sein Fett ist sehr gesund. Fischfett enthält vor allem Omega-3-Fettsäuren – essentielle Fettsäuren, die unser Körper braucht, aber nicht selbst bilden kann. Vor allem Seefische und auch die Forelle enthalten diese Fettsäure. Seefisch liefert außerdem wertvolles Jod.

Aus Pfanne und Wok

Bei der Zubereitung von Fisch und Meeresfrüchten sind die asiatischen Köchinnen und Köche sehr erfindungsreich.

Die Auswahl an Fischgerichten in Garküchen und Fischrestaurants ist riesengroß. Die Zubereitung asiatischer Gerichte, ob Gemüse, Fisch oder Fleisch, ist ohne Wok kaum denkbar. Er spielt in der Küche die Hauptrolle. Diese hohe, durchgehend gewölbte Pfanne aus Stahl oder Gusseisen ist ein Allroundgerät: Sie wird zum Braten, Dünsten, Frittieren, Schmoren und Blanchieren verwendet. Ihr Vorteil ist neben ihrer Form, dass sie sehr heiß wird und die Zutaten schnell garen. Nichts kann verkochen, wenn es unter ständigem Rühren gebraten wird. Fisch und Gemüse sind zwar gegart, doch so kurz, dass die meisten Vitamine und Mineralstoffe erhalten bleiben. Gemüse behält seinen Biss. Die Form des Woks ist asiatischen Kohlefeuern und Gasherden angepasst. Für Elektroherde gibt es Woks mit einem abgeflachten, standfesten Boden.

Natürlich kann man auch mit herkömmlichen Pfannen braten, schmoren und dünsten. Zum Frittieren sind sie meist zu flach. Was das Material angeht, gibt es Unterschiede zwischen (antihaft-)beschichteten (Teflon, Titan), gusseisernen oder kupfernen sowie Pfannen aus Edelstahl oder geschmiedetem Eisen, wie sie Profiköche verwenden. Für Fische gibt es spezielle Fischbratpfannen, in die ein ganzer Fisch passt.

Was auch immer Sie zum Braten und Frittieren verwenden, Pfanne, Topf oder Wok – bei den Rezepten auf den folgenden Seiten können Sie auswählen. Es sind Rezepte aus Deutschland, Spanien, Italien, Frankreich, Indien, China und Japan dabei. Knusprig frittierte Garnelen, Tintenfische oder Muscheln, Scholle, Felchen und Aal finden Sie neben Pangasius, Merlan und Sardine. Bereiten Sie echte spanische Paella zu, Fisch nach Szechuan Art, eine Französische Muschelpfanne oder scharfe indische Garnelen.

SCHOLLEN MIT SPECK UND NORDSEEKRABBEN

SCHOLLE MIT WEISSWEINSAUCE UND LIMETTENZESTEN

SCHOLLE MIT CHAMPIGNONS UND ZWIEBELN

SCHOLLE MIT KRÄUTER-RAHM-SAUCE

SCHOLLENFILETS AUF GESCHMORTEM KRAUT

GEFÜLLTE SCHOLLE MIT SPINAT UND GETROCKNETEN TOMATEN

Scholle Finkenwerder Art

Für 4 Portionen
150 g durchwachsener Speck*
100 g Butter
4 küchenfertige Schollen
Salz, Pfeffer
3 El Zitronensaft*
50 g Mehl
2 El frisch gehackte Petersilie*

Zubereitungszeit: ca. 20 Minuten (plus Bratzeit)
Pro Portion ca. 330 kcal/1386 kJ
35 g E · 16 g F · 10 g KH

Scholle Finkenwerder Art
Den Speck in Würfel schneiden, mit 2 El Butter in einer Pfanne auslassen und knusprig braten. Den Speck mit einer Schaumkelle aus der Pfanne nehmen.

Die Schollen waschen, trocken tupfen, den Kopf abtrennen und die Innereien vorsichtig auslösen. Mit Salz, Pfeffer und Zitronensaft beträufeln. Im Mehl wenden. Überschüssiges Mehl abklopfen.

Die Schollen im Speckfett nacheinander von jeder Seite etwa 7–8 Minuten braten. Nach und nach die restliche Butter zugeben. Die Schollen mit dem Speck garniert servieren. Mit Petersilie bestreuen. Dazu schmecken Pellkartoffeln und grüne Bohnen.

* Die mit einem Sternchen versehenen Zutaten können ausgetauscht werden. Gewürze und Kräuter je nach Belieben.

Zanderfilet in Tomaten-Safran-Sud

Zanderfilet in Tomaten-Safran-Sud

Die Tomaten häuten, vierteln, das Innere herauslöffeln. Das Suppengrün putzen, waschen, nach Bedarf schälen und würfeln. Im Weißwein köcheln, bis noch 2 El Flüssigkeit übrig sind. Den Fischfond und das Tomateninnere zugeben und 10 Minuten köcheln.

Für 4 Portionen
500 g Tomaten
300 g Suppengrün
150 ml Weißwein
400 ml Fischfond
1 Kartoffel
4 Schalotten
1 Knoblauchzehe
5 El Olivenöl
1 Döschen Safranfäden
Salz, Pfeffer
1 Tl Zitronensaft
1 Tl Thymianblättchen
4 Zanderfilets à 200 g

Zubereitungszeit: ca. 30 Minuten (plus Koch und Garzeit)
Pro Portion ca. 355 kcal/1491 kJ
44 g E · 10 g F · 16 g KH

Die Kartoffel schälen, fein reiben und nach 6 Minuten zum Fond geben. Nach der Kochzeit durch ein feines Sieb streichen.

Die Schalotten und den Knoblauch schälen und fein hacken. Beides in 2 El Olivenöl erhitzen und glasig schmoren. Dann den Safran einrühren. Den durchgesiebten Fond, Salz, Pfeffer und Zitronensaft zugeben. Die Tomatenviertel und die Thymianblättchen hinzufügen.

Die Zanderfilets waschen, trocken tupfen, mit Salz und Pfeffer würzen. Das restliche Öl erhitzen und die Filets darin bei hoher Temperatur von jeder Seite etwa 3 Minuten braten. Die Fischfilets auf dem Safran-Tomaten-Fond anrichten. Dazu schmeckt eine Wildreismischung.

Safran ist ein Zwiebelgewächs, das zur Familie der Krokusse gehört. Ursprünglich stammt das Gewächs aus Kleinasien. Die drei orangebraunen Blütennarben der Blütenstempel werden per Hand gepflückt und getrocknet. Um 500 g Safran zu erhalten, müssen etwa 100 000 Blüten abgeerntet werden. Der Geschmack ist bitter und scharf. Durch sein intensives Aroma kann Safran sparsam zum Würzen und Färben von Suppen, Eintöpfen, Fisch- und Fleischgerichten, Reis, Currys und Likören eingesetzt werden. Safran wirkt krampflösend, verdauungsfördernd und kreislaufanregend.

Für 4 Portionen
80 ml Olivenöl
2 Tl Rosmarinnadeln
50 g Schalotten
2 Knoblauchzehen
300 g Tomaten
600 g frische Steinpilze
Salz, Pfeffer
2 El Balsamessig
150 ml Fischfond
8 Felchenfilets
1 El Zitronensaft
je 1 Tl gehackter Rosmarin, Thymian, Oregano und gehackte Petersilie

Zubereitungszeit: ca. 30 Minuten (plus Zeit zum Durchziehen, plus Koch- und Bratzeit)
Pro Portion ca. 270 kcal/1134 kJ
39 g E · 11 g F · 4 g KH

Felchenfilets auf Steinpilzen

Felchenfilets auf Steinpilzen

1 El Olivenöl mit 1 Tl Rosmarinnadeln erhitzen, bis die Nadeln braun sind. Öl abkühlen lassen, dann durch ein Sieb streichen und restliches Öl und restliche Rosmarinnadeln zugeben und über Nacht durchziehen lassen.

Schalotten und Knoblauch schälen und würfeln. Die Tomaten häuten, Stielansatz und Kerne entfernen und das Fruchtfleisch in Scheiben schneiden.

Die Pilze putzen, feucht abreiben und vierteln. 4 El Öl erhitzen und die Pilze darin anbraten, Schalotten und Knoblauch zugeben, 1 Minute mitschmoren, mit Salz und Pfeffer würzen, mit Balsamessig und Fond ablöschen. Alles etwa 10 Minuten köcheln, beiseite stellen und warm halten.

Die Fischfilets waschen, trocken tupfen, salzen, pfeffern und mit Zitronensaft beträufeln. In 2 El heißem Rosmarinöl von jeder Seite etwa 3–4 Minuten braten. Tomaten und Kräuter zu den Pilzen geben, erhitzen und abschmecken. Pilze und Gemüse auf Tellern anrichten, die Fischfilets darauflegen. Mit dem restlichen Rosmarinöl begießen. Mit Kartoffelbällchen servieren.

Rotbarschfilet in Sesamkruste mit Gemüse

Für 4 Portionen
4 Rotbarschfilets
Saft von $1\,^1\!/_2$ Zitronen
8 El Mehl
2 Eier
8 El Sesamsamen
Salz, Pfeffer, Chili
3 El Öl
1 rote Paprika
150 g Champignons
2 rote Zwiebeln

Zubereitungszeit: ca. 20 Minuten (plus Bratzeit)
Pro Portion ca. 343 kcal/1439 kJ
36 g E · 17 g F · 12 g KH

Rotbarschfilet in Sesamkruste mit Gemüse
Die Fischfilets waschen, trocken tupfen, mit dem Saft von $1\,^1\!/_2$ Zitronen beträufeln. 10 Minuten durchziehen lassen. Mehl, verquirlte Eier und Sesam auf 3 Teller geben. Die Fischfilets salzen, pfeffern und nacheinander in Mehl, Eiern und Sesam wenden.

Das Öl in einer Pfanne erhitzen und die Fischfilets darin von jeder Seite etwa 5–6 Minuten braten. Fisch aus der Pfanne nehmen und warm stellen.

Paprika in Streifen, Champignons und rote Zwiebeln in Würfel schneiden in Sesamöl anbraten. Mit Chili, Salz und Pfeffer abschmecken.

Dazu Reis servieren.

Sesamsamen sind die Samen einer einjährigen Pflanze, die aus Indonesien und Ostafrika stammt und schon sehr früh als Würzmittel verwendet wurde. Die Samenkapseln entstehen aus den Blüten. Sie sind je nach Sorte weiß, gelb, rot oder schwarz. Wenn die Samen reif sind, platzen die Samenkapseln auf. Die Samen werden geschält oder ungeschält, geröstet oder ungeröstet angeboten. Sie enthalten viel Öl, außerdem Magnesium, Kalium, Eisen, Kalzium, Phosphor, Zink, Kupfer und Vitamine.

Fisch in Gewürz-Joghurtsauce

Das Fischfilet waschen, trocken tupfen und mit Salz und Kurkuma einreiben. 1 Stunde durchziehen lassen, dann in mundgerechte Stücke schneiden. Kreuzkümmel und getrocknete Chilischoten ohne Fett rösten, anschließend im Mörser zerstoßen.

Den Ingwer schälen und hacken. Die grünen Chilischoten entkernen und hacken. Die Schalotten schälen und würfeln. Die drei Zutaten pürieren. Den Joghurt mit dem Zucker, den zerstoßenen Gewürzen und der Ingwer-Schalotten-Mischung verrühren.

Das Öl erhitzen, Nelken, Kardamom, Zimt und Lorbeer darin anrösten, dann die Joghurtmischung hinzufügen. Aufkochen, bis das Öl oben schwimmt.

Die Fischstücke in die Pfanne geben und etwa 10 Minuten in der Joghurtsauce garen.

Dazu Basmatireis reichen.

Fisch in Gewürz-Joghurtsauce

Für 4–6 Portionen
ca. 1 kg Pangasiusfilet
Salz
1/2 Tl Kurkuma
1/2 Tl Kreuzkümmel
3 getrocknete rote Chilischoten
3 cm frische Ingwerwurzel
2 grüne Chilischoten
4 Schalotten
300 g Joghurt
1/2 Tl Zucker
2 El Öl
3 Gewürznelken
1 Tl gemahlener Kardamom
1/4 Zimtstange
3 Lorbeerblätter

Zubereitungszeit: ca. 30 Minuten
(plus Ruhe- und Garzeit)
Pro Portion ca. 212 kcal/888 kJ
35 g E · 5 g F · 5 g KH

Gewürznelken sind die ungeöffneten Blüten des Nelkenbaumes, der in den Tropen wächst. Die Knospen sind etwa 1 cm lang und verströmen bereits am Baum den intensiven Geruch, den sie auch als Gewürz entfalten. Nach der Ernte werden sie getrocknet. Sie entwickeln beim Kochen ein kräftiges Aroma, das vielen Gerichten mit Fleisch, Fisch und Gemüse den besonderen Geschmack verleiht.

Nelken wirken verdauungsfördernd und helfen bei Krämpfen und neuralgischen Schmerzen. Besonders das ätherische Öl der Nelken hilft bei Zahnschmerzen.

Gebratener Aal in Brunnenkressesauce

Gebratener Aal in Brunnenkressesauce

Den Aal in etwa 20 Stücke schneiden und mit Salz und Pfeffer würzen. Mit dem Zitronensaft beträufeln und 30 Minuten durchziehen lassen.

Anschließend in Mehl wenden. Das Öl in einer Pfanne erhitzen und die Aalstücke darin etwa 12 Minuten braten, herausnehmen und warm stellen.

Die Schalotten schälen und würfeln. Die Butter erhitzen und die Schalottenwürfel darin glasig schmoren. Mit Weißwein ablöschen und etwas einkochen lassen. Den Fischfond angießen und auf die Hälfte einkochen. Die Sahne bis auf 50 ml unter die Sauce ziehen.

Für 4 Portionen
ca. 1 kg küchenfertigen gehäuteten Flussaal
Salz, Pfeffer
2 El Zitronensaft
70–100 g Mehl
4 El Sonnenblumenöl
2 Schalotten
50 g Butter
125 ml Weißwein
250 ml Fischfond
300 ml Sahne
1 Bund Brunnenkresse

Zubereitungszeit: ca. 30 Minuten (plus Brat- und Kochzeit)
Pro Portion ca. 1097 kcal/4609 kJ
42 g E · 100 g F · 6 g KH

Die Brunnenkresse waschen, trocken schütteln, die Blätter von den Stielen zupfen und die Stiele in der Sauce aufkochen, 2 Minuten köcheln. Die Sauce durch ein Sieb streichen. Brunnenkresseblätter zugeben und die Sauce im Mixer schaumig pürieren. Die restliche Sahne steif schlagen und unterheben. Die Sauce zu den Aalstücken reichen. Dazu schmecken Bandnudeln.

Tipp

Wenn Sie den Aal selbst häuten, schneiden Sie die Haut hinter dem Kopf rundherum ein. Hängen Sie den Fisch an einen Haken, halten den Kopf mit einem Tuch fest und ziehen die Haut mit einem Ruck zum Schwanz hin ab.

STEINBUTT IN KAPERNSAUCE

STEINBEISSER IN MEERRETTICH-
CREME

SEETEUFEL IN SAFRANSAUCE

SEETEUFEL IN TOMATENSAUCE

LIMANDES IN WEINSAUCE MIT KRÄUTERN

SEETEUFEL IN ZITRONENSAUCE

Seeteufel in Weinsauce mit Kapern und Kräutern

Für 4 Portionen
30 g Butter
30 g Mehl
750 g Seeteufelfilet ohne Haut*
Salz
3 El Zitronensaft*
Pfeffer
1 El Olivenöl*
1 Zwiebel*
1 Knoblauchzehe
100 ml trockener Weißwein*
200 ml Fischfond*
Zucker*
1 El Kapern aus dem Glas*
je 1 El gehackter Dill, Kerbel, gehackte Zitronenmelisse*
1/2 Bund Schnittlauch in Röllchen

Zubereitungszeit: ca. 20 Minuten (plus Marinier- und Bratzeit)
Pro Portion ca. 280 kcal/1176 kJ
30 g E · 12 g F · 10 g KH

Seeteufel in Weinsauce mit Kapern und Kräutern
10 g Butter mit 10 g Mehl zu einer Kugel formen und in den Gefrierschrank legen. Das Fischfilet waschen, trocken tupfen und mit Salz würzen, mit 2 El Zitronensaft beträufeln. Den Fisch 20 Minuten durchziehen lassen. Dann in 8 Teile schneiden, pfeffern und in Mehl wenden.

Die restliche Butter und das Olivenöl in einer Pfanne erhitzen und die Fischstücke darin von jeder Seite etwa 2 Minuten braten. Aus der Pfanne nehmen und warm stellen.

Die Zwiebel und Knoblauchzehe schälen und fein hacken. Im Bratfett andünsten. Den Wein angießen und dick einkochen. Den Fond zugeben und ca. 6 Minuten köcheln. Mit Salz, Pfeffer, restlichem Zitronensaft und etwas Zucker abschmecken.

Die Mehlbutter grob hacken, in die kochende Sauce rühren und 3 Minuten kochen. Die abgetropften Kapern zugeben und die Kräuter unterheben. Die Fischstücke auf Tellern anrichten und mit der Sauce überziehen und mit Schnittlauch bestreuen. Dazu schmecken Salzkartoffeln.

* Die mit einem Sternchen versehenen Zutaten können ausgetauscht werden. Gewürze und Kräuter je nach Belieben.

Steinbutt-Muschel-Pfanne

Steinbutt-Muschel-Pfanne

Die Muscheln gut waschen, geöffnete Exemplare entfernen. Die Möhren, Zwiebeln und den Knoblauch schälen und sehr fein würfeln. Die Fenchelknollen putzen, halbieren, den harten Strunk entfernen und die Knollen in dünne Streifen schneiden. Das Fenchelgrün hacken.

1 El Olivenöl in einer großen Pfanne erhitzen und die Muscheln darin kurz anbraten. Den Wein, Fischfond und die Gewürze zugeben und abgedeckt etwa 8 Minuten köcheln, bis die Muscheln sich öffnen. Jetzt noch geschlossene Exemplare wegwerfen. Die Muscheln in einem Sieb abtropfen lassen. Die Flüssigkeit auffangen.

Für 4 Portionen
1 kg Venusmuscheln
200 g Möhren
100 g Zwiebeln
2 Knoblauchzehen
2 Fenchelknollen
3 El Olivenöl
50 ml Weißwein
150 ml Fischfond
3 Lorbeerblätter
4 Thymianzweige
Salz, Pfeffer
8 Steinbuttfilets

Zubereitungszeit: ca. 20 Minuten (plus Koch- und Garzeit)
Pro Portion ca. 410 kcal/1722 kJ
57 g E · 10 g F · 21 g KH

Das restliche Öl erhitzen und das Gemüse darin unter Rühren anschmoren. Den Muschelfond angießen und abgedeckt etwa 8 Minuten garen. Mit Salz und Pfeffer würzen.

Die Steinbuttfilets waschen, trocken tupfen und mit Salz und Pfeffer würzen. Auf das Gemüse setzen und 10 Minuten garen. Nach 5 Minuten die Muscheln zugeben und erwärmen. Mit Fenchelgrün bestreut servieren.

Dazu frisches Brot reichen.

Die **Fenchelknollen** sind die eigentlichen Wurzeln der Fenchelpflanze. Aus den weißen, zwiebelförmig übereinander liegenden Blattschichten wachsen die grünen Stängel heraus, die bis zu 1,80 m hoch werden können. Der anisartige Geschmack des Fenchels macht ihn für Hülsenfrüchte sowie für viele Fisch-, Fleisch- und Geflügelgerichte zu einer beliebten Beilage. Dazu wird der Fenchel geschmort oder gedämpft. In roher Form werden die zarten inneren Schichten der Knolle in Streifen geschnitten und als Salat gereicht.

Seeteufelmedaillons mit Schinken und Salbei

Die Tomaten heiß überbrühen, Stielansatz, Haut und Kerne entfernen und das Fruchtfleisch in Würfel schneiden. Schalotte und Knoblauchzehe schälen und fein hacken. 2 El Olivenöl erhitzen und die Schalotte und den Knoblauch darin glasig schmoren. Die Tomatenwürfel zugeben und 2 Minuten mitschmoren. Die pürierten Tomaten zugeben und etwas einkochen. Mit Salz und Pfeffer abschmecken. Die Kräuterblättchen waschen, trocken schütteln und fein hacken. Unter die Tomatensauce heben.

Die Seeteufelfilets waschen, trocken tupfen und in 12 Scheiben schneiden. Mit Salz und Pfeffer würzen. Auf jede Seeteufelscheibe ein Salbeiblatt und 1/2 Scheibe Schinken legen. Das restliche Olivenöl erhitzen und die Seeteufelmedaillons mit der Schinkenseite zuerst von jeder Seite 2 Minuten braten. Die Tomatensauce auf Teller verteilen und die Seeteufelmedaillons darauf anrichten.

Mit Bandnudeln servieren.

Für 4 Portionen
- 8 Fleischtomaten
- 1 Schalotte
- 1 Knoblauchzehe
- 6 El Olivenöl
- 125 g pürierte Tomaten
- 2 El Basilikumblätter
- 1 El Estragon
- 600 g Seeteufelfilets
- 12 Salbeiblätter
- 6 dünne Scheiben luftgetrockneter Schinken, halbiert

Zubereitungszeit: ca. 30 Minuten
(plus Brat- und Kochzeit)
Pro Portion ca. 248 kcal/1042 kJ
28 g E · 13 g F · 5 g KH

Seeteufelmedaillons mit Schinken und Salbei

2005 Meursault
Bouchard Pére & Fils, Côte de Beaune

Dieser kraftvolle Chardonnay duftet nach reifen Pfirsichen, Butter und Gewürzen. Er ist massiv, opulent und kraftvoll und bringt doch eine wunderbar verspielte Säure mit.

Merlanfilet mit Salsa Verde

Für 4 Portionen
100 g glatte Petersilie
2 El eingelegte Kapern
8 El Olivenöl
1 Tl Limonensaft
Salz, Pfeffer
600 g Merlanfilet
6 El Mehl

Zubereitungszeit: ca. 30 Minuten (plus Bratzeit)
Pro Portion ca. 295 kcal/1239 kJ
30 g E · 16 g F · 8 g KH

Merlanfilet mit Salsa Verde
Die Petersilie waschen, trocken schütteln und die Blätter abzupfen. Die Petersilie mit den abgetropften Kapern und 6 El Öl im Mixer pürieren. Mit Salz, Pfeffer und Limonensaft abschmecken.

Das Fischfilet waschen, trocken tupfen und in 4 Portionen teilen. Mit Salz und Pfeffer würzen und in Mehl wenden.

Das restliche Öl in einer Pfanne erhitzen und die Filets darin etwa 8–10 Minuten braten. Die Filets auf Tellern anrichten und die Salsa Verde auf dem Fisch verteilen. Dazu Kartoffelpüree reichen.

Limetten sind die Früchte eines dornigen Baumes, der aus den Tropen stammt. Sie sind äußerst kälteempfindlich und schnell verderblich. Limettensaft wird ähnlich wie Zitronensaft in Marinaden, Dressings, Dips und Süßigkeiten verwendet. Auch in Fisch- und Geflügelgerichten harmoniert er mit den Zutaten. Neben dem Saft wird die Schale der Limetten zum Kochen benutzt, sie wird auch kandiert oder getrocknet angeboten. Wenn die Früchte zu lange dem Licht ausgesetzt werden, werden sie grün und verlieren ihren Geschmack. Limetten enthalten weniger Vitamin C als Zitronen.

PL190763

Petersfisch mit Wermutsauce

Die Schalotten schälen und würfen. Die Champignons putzen, feucht abreiben und hacken. Mit dem Zitronensaft beträufeln.

4 El Butter in einer Pfanne erhitzen. Die Fischfilets waschen, trocken tupfen, mit Salz und Pfeffer würzen. In der heißen Butter von beiden Seiten etwa 2 Minuten braten. Den Wermut angießen und etwas einkochen lassen.

Die Sahne in die Pfanne geben und unter Rühren um ein Drittel einkochen. Die restliche Butter in einer zweiten Pfanne erhitzen und die Schalotten darin glasig schmoren. Die Pilze zugeben und mitschmoren, bis die Flüssigkeit verkocht ist. Mit Salz und Pfeffer abschmecken.

Die Wermut-Sahnesauce mit dem Eigelb legieren, durch ein Sieb streichen und abschmecken.

Die Zwiebel-Pilz-Mischung auf Teller verteilen, die Fischfilets darauf anrichten und mit der Wermutsauce überziehen.

Petersfisch mit Wermutsauce

Für 4 Portionen

3 Schalotten
300 g Champignons
Saft von 1 Zitrone
6 El Butter
800 g Petersfischfilet
Salz, Pfeffer
300 ml Wermut (z. B. Noilly Prat)
400 ml Sahne
3 Eigelb

Zubereitungszeit: ca. 30 Minuten
(plus Brat- und Kochzeit)
Pro Portion ca. 680 kcal/2856 kJ
45 g E · 44 g F · 13 g KH

Wermut ist ein mit Alkohol, Gewürzen und Kräutern versetzter Wein, der bis zu 18 % (vol.) Alkohol enthält. Vor allem das bittere Wermutkraut wird dem Wein zugesetzt, wodurch er seinen Namen erhalten hat. Außerdem wird dem Wein Zucker zugegeben. Das Ursprungsrezept stammt aus Italien. Wermut wird als Aperitif oder als Zusatz in Cocktails getrunken. Außerdem wird er beim Kochen zum Aromatisieren von Saucen verwendet.

Indisches Fischcurry

Indisches Fischcurry

Das Fischfilet waschen, trocken tupfen und in mundgerechte Stücke schneiden. Mit dem ausgepressten Zitronensaft beträufeln. Die Zwiebeln schälen und würfeln. Das Öl erhitzen und die Zwiebeln darin glasig schmoren.

Die Gewürze zu den Zwiebeln geben und unter Rühren etwa 5 Minuten mitschmoren. Den Lauch putzen, waschen und in dünne Ringe schneiden.

Für 4 Portionen
600 g Seelachsfilet
2 Zitronen
2 Zwiebeln
2 El Öl
1/2 Tl Kurkuma
2 Tl Currypulver
1 Msp. Koriander
1 Msp. Nelkenpulver
1 Lauchstange
400 g Tomaten aus der Dose
1 El Crème fraîche

Zubereitungszeit: ca. 20 Minuten (plus Schmorzeit)
Pro Portion ca. 308 kcal/1292 kJ
31 g E · 14 g F · 12 g KH

Fischstücke und Lauch zu den Würzzwiebeln geben und abgedeckt etwa 8 Minuten schmoren. Die Tomaten ohne Flüssigkeit hinzufügen, mit der Gabel grob zerkleinern und die Crème fraîche unterheben. Das Fischcurry mit Salz und Pfeffer abschmecken und mit Reis servieren.

Tipp

Sie können dem Reis beim Kochen einen 1/2 Tl Kurkuma oder Currypulver zugeben. So erhält er auch eine schöne gelbe Farbe.

SCHWERTFISCHSTEAKS MIT KERBELRAHM

LACHSSTEAKS MIT KERBELRAHM

THUNFISCHSTEAKS MIT ZITRONEN-SAHNESAUCE

HEILBUTTSTEAKS MIT SARDELLEN-PFEFFER-SAUCE

SEEHECHTMEDAILLONS MIT RIESLINGSAUCE

STEINBEISSERMEDAILLONS MIT ROTWEINSAUCE

Thunfischsteaks mit Kerbelrahm

Für 4 Portionen
4 Thunfischsteaks à 200 g*
40 g Mehl
70 g Butter
Zitronensaft*
Salz
250 ml Fischfond*
250 ml Sahne*
3 El Sherry*
Pfeffer
1 Bund Kerbel*

Zubereitungszeit: ca. 20 Minuten (plus Brat- und Kochzeit)
Pro Portion ca. 813 kcal/3412 kJ
48 g E · 65 g F · 11 g KH

Thunfischsteaks mit Kerbelrahm
Die Fischsteaks waschen, trocken tupfen und in 2 El Mehl wenden. 50 g Butter in einer Pfanne erhitzen und die Fischsteaks darin von jeder Seite etwa 4 Minuten braten. Mit Zitronensaft beträufeln und salzen. Warm stellen.

Das Bratfett mit dem Fond und der Sahne ablöschen und etwa auf die Hälfte einkochen. Die restliche Butter mit dem restlichen Mehl verkneten und in kleinen Flöckchen in die Sauce rühren, bis sie sämig ist. Den Sherry hinzufügen und die Sauce mit Salz und Pfeffer abschmecken.

Den Kerbel waschen, trocken schütteln und die Blättchen fein hacken. In die Sauce rühren.

Die Thunfischsteaks mit dem Kerbelrahm anrichten. Dazu schmeckt Wildreis.

* Die mit einem Sternchen versehenen Zutaten können ausgetauscht werden. Gewürze und Kräuter je nach Belieben.

2003 Citrine Chardonnay
Gemtree, Australien

„Citrine" ist der Glücksstein des Winzers und Anspielung auf den Wein in einem. Saftige Aromen von Birnen, Limetten und Honigmelonen von angenehmer Holznote umgeben.

Fisch süß-sauer aus dem Wok

Fisch süß-sauer aus dem Wok
Den Fisch waschen, trocken tupfen und die obere Hautschicht dreimal einschneiden. So viel Wasser im Wok zum Kochen bringen, dass der Fisch davon bedeckt ist. Den Fisch hineinlegen. Den Ingwer schälen und in Scheiben schneiden. Mit dem Sherry zum Fisch geben, aufkochen und den Fisch 20 Minuten im heißen Wasser ziehen lassen. Nicht mehr kochen. Wenn sich die Rückenflosse leicht entfernen lässt, ist der Fisch gar. Auf einer vorgewärmten Platte warm stellen.

Die Fischbrühe bis auf 4 El aus dem Wok gießen. Die Knoblauchzehe schälen und zerdrücken. Die Frühlingszwiebeln putzen und in Ringe schneiden. Die Möhre schälen und in Stifte schneiden. Alles mit den Bambussprossen, dem Zucker, dem Apfelessig, der Sojasauce und der Speisestärke in den Wok geben und unter Rühren andicken.

Den Fisch anrichten und die Sauce dazu reichen.

Für 4 Portionen
1 küchenfertiger Seebarsch oder eine Meeräsche (ca. 1,2 kg)
10 g Ingwer
1 El trockener Sherry
1 Knoblauchzehe
2 Frühlingszwiebeln
1 Möhre
30 g Bambussprossen
120 g Zucker
90 ml Apfelessig
1 El Sojasauce
2 El Speisestärke

Zubereitungszeit: 20 Minuten (plus Garzeit)
Pro Portion ca. 338 kcal/1418 kJ
30 g E · 7 g F · 37 g KH

Bambussprossen sind die Triebe einer Pflanze, die in Asien zu den wichtigsten Pflanzen gehört und dort bereits seit einigen tausend Jahren kultiviert wird. Meist sind Bambussprossen eingelegt und als Konserven erhältlich. Frisch sind sie wegen der in ihnen enthaltenen toxischen Säure nicht genießbar. Sie müssen vor dem Verzehr gekocht werden. Die Bambuspflanze selbst ist vielseitig nutzbar, denn außer ihren essbaren Trieben werden die Blätter, das Herz und der Saft genutzt.

Gebacken

Für 4 Portionen
120 g Mehl
Salz
500 ml Öl
900 g küchenfertige Sardinen
4 Scheiben Weißbrot
100 ml Milch
4 Knoblauchzehen
2 Tl Limonensaft
5 El Olivenöl
Pfeffer
2 El frisch gehackte Petersilie

Zubereitungszeit: ca. 40 Minuten
(plus Bratzeit)
Pro Portion ca. 628 kcal/2635 kJ
50 g E · 31 g F · 38 g KH

ardinen mit Knoblauch-Petersiliensauce

Gebackene Sardinen mit Knoblauch-Petersiliensauce

Das Mehl mit etwas Salz und so viel Wasser verrühren, dass ein sehr zäher, gerade noch flüssiger Teig entsteht. Das Öl in einer hohen Pfanne erhitzen. Die Sardinen nacheinander in den Teig tauchen und im heißen Fett goldbraun ausbacken.

Das Weißbrot entrinden und 10 Minuten in der Milch einweichen. Die Knoblauchzehen schälen und durch die Presse drücken. Das Brot ausdrücken und mit Knoblauch und Limonensaft vermengen. Im Mixer pürieren. Nach und nach das Öl hinzufügen und eine Creme herstellen. Wenn sie zu fest ist, etwas Wasser zugeben. Die Creme mit Salz und Pfeffer abschmecken. Die Petersilie unterheben.

Die Knoblauch-Petersiliensauce zu den gebackenen Sardinen reichen. Dazu schmecken ein Salat und frisches Brot.

Meeresfrüchte-Tempura

Für 4 Portionen
12 rohe Riesengarnelen
2 Weißfischfilets
2 Tintenfischtuben
8 Stinte oder andere kleine Fische
140 g Mehl
1 Eigelb
500 ml Öl zum Ausbacken
90 ml Sojasauce
Saft und abgeriebene Schale von 1 unbehandelten Zitrone
60 ml Reiswein

Zubereitungszeit: ca 20 Minuten (plus Frittierzeit)
Pro Portion ca. 730 kcal/3066 kJ
100 g E · 22 g F · 30 g KH

Meeresfrüchte-Tempura
Die Garnelen bis auf die Schwänze schälen. Die Fischfilets in 2 cm breite Streifen schneiden. Die Tintenfischtuben waschen und in 2,5 cm breite Streifen schneiden. Die kleinen Fische waschen und trocken tupfen. Die Meeresfrüchte mit 2 El Mehl bestäuben.

Das restliche Mehl mit dem Eigelb und etwa 240 ml Eiswasser verrühren und einen glatten Teig herstellen.

Das Öl im Wok auf 180 °C erhitzen. Die Fische und Meeresfrüchte in den Teig tauchen, abtropfen lassen und portionsweise im heißen Öl etwa 3 Minuten frittieren. Herausnehmen und auf Küchenpapier abtropfen lassen.

Die restlichen Zutaten zu einem Dip verrühren und zum Meeresfrüchte-Tempura servieren.

2007 Kanzemer Altenberg Riesling Erste Lage Großes Gewächs
Weingut von Othegraven, Mosel
Dieser Wein ist eine Offenbarung. Er duftet nach Pfirsich, Ananas und sogar Bergamotte, ist opulent und fleischig. Die feine mineralische Säure gepaart mit eleganter Restsüße macht ein erfrischendes Erlebnis aus diesem Glas Wein.

Fisch nach Szechuan Art

Das Fischfilet waschen, trocken tupfen und in 5 cm große Stücke schneiden. Mit Salz und Pfeffer würzen. Das Ei verrühren, das Mehl und den Wein zugeben und einen Teig bereiten. Die Fischstücke in dem Teig wenden, abtropfen lassen. Das Öl in einem Wok erhitzen und die Fischstücke darin portionsweise goldbraun frittieren.

Das Öl bis auf 1 El aus dem Wok entfernen. Den Ingwer schälen, die Chilischote putzen, entkernen, beide hacken. Die Frühlingszwiebeln putzen und in Ringe schneiden. Die Wasserkastanien würfeln. Die Zutaten im verbliebenen Öl etwa 1 Minute braten. Mit Sojasauce und Essig sowie Szechuanpfeffer würzen und eine weitere Minute braten.

Inzwischen die Brühe in einem Topf erhitzen. Die Stärke in 2 El Wasser glatt rühren und die Brühe andicken. Den Zucker zugeben. Die Sauce in den Wok gießen, die frittierten Fischstücke hinzufügen und mit Reis servieren.

Fisch nach Szechuan Art

Für 4 Portionen
400 g Pangasiusfilet
Salz, Pfeffer
1 Ei
4 El Mehl
80 ml Weißwein
300 ml Erdnussöl
2 cm Ingwerwurzel
1 rote Chilischote
3 Frühlingszwiebeln
4 Wasserkastanien
3 El Sojasauce
1 Tl Apfelessig
1/2 Tl Szechuanpfeffer
250 ml Hühnerbrühe
1 El Maisstärke
2 El Zucker

Zubereitungszeit: ca. 20 Minuten
(plus Frittier- und Bratzeit)
Pro Portion ca. 278 kcal/1165 kJ
23 g E · 10 g F · 19 g KH

Wasserkastanien sind die essbaren Knollen einer Wasserpflanze, die vor allem in der asiatischen Küche eine große Rolle spielt. Sie können roh oder gekocht gegessen werden. Das Fruchtfleisch wird durch Kochen süßer. In Fisch- und Fleischgerichten sorgen sie außerdem für ein frisches Aroma. Sie enthalten sehr viel Kalium, Vitamin B2, Magnesium, Vitamin C und Phosphor.

GEBRATENE TINTENFISCHE MIT RATATOUILLE

GEBRATENE TINTENFISCHE MIT SPARGEL

GEBRATENE GARNELEN MIT FENCHEL

GEBRATENE FLUSSKREBSE MIT LAUCH

GEBRATENE JAKOBSMUSCHELN MIT COCKTAILTOMATEN

GEBRATENE MUSCHELN MIT STANGENSELLERIE

Gebratene Tintenfische mit Zucchini

Für 4 Portionen
500 g Zucchini*
Salz
4 Tomaten*
3 Knoblauchzehen*
½ Bund Petersilie*
400 g küchenfertige kleine Tintenfische*
5 El Olivenöl
Pfeffer
5 El Weißwein*
2 El Pastis*
2 El Limonensaft*

Zubereitungszeit: ca. 20 Minuten (plus Bratzeit)
Pro Portion ca. 183 kcal/769 kJ
19 g E · 8 g F · 8 g KH

Gebratene Tintenfische mit Zucchini
Die Zucchini putzen, waschen und trocken tupfen. Halbieren und in Scheiben schneiden. In kochendem Salzwasser etwa 1 Minuten blanchieren. Abgießen und abtropfen lassen.

Die Tomaten vierteln, die Stielansätze und Kerne herauslösen und die Tomaten würfeln. Den Knoblauch schälen und in feine Scheiben schneiden. Die Petersilie waschen, trocken schütteln und hacken.

Die Tintenfische waschen und trocken tupfen. Das Öl in einer Pfanne erhitzen und die Tintenfische darin etwa 5 Minuten braten. Den Knoblauch zugeben und 1 Minute mitbraten. Mit Salz und Pfeffer würzen. Wein, Pastis und Limonensaft zugeben, das Gemüse hinzufügen und alles weitere 2 Minuten braten. Zuletzt die Petersilie unterheben.

Die gebratenen Tintenfische mit frischem Baguette servieren.

* Die mit einem Sternchen versehenen Zutaten können ausgetauscht werden. Gewürze und Kräuter je nach Belieben.

Paella

2007 Blanc de Pacs
Parés Baltà, Penedès

Diese Cuvée aus den Rebsorten Macabeo, Xarello und Parellada präsentiert sich zitronengelb mit opulentem Aromenspiel. Apfel, Pfirisch und zarte florale Nuancen sind eingebunden von feiner Säure. Mineralische Frische mit feinem Schmelz.

Paella

Die Zwiebel und Knoblauchzehe schälen und fein hacken. Das Öl in einer großen Pfanne erhitzen und die Zwiebel mit dem Knoblauch darin anschmoren. Den Reis zugeben und unter Rühren kurz mitschmoren. Mit Salz, Pfeffer und einigen Safranfäden würzen. Die Hühnerbrühe angießen, aufkochen und den Reis etwa 10 Minuten köcheln.

Die Erbsen waschen und abtropfen lassen. Das Hühnerfleisch und den Schinken würfeln. Erbsen, geschälte Garnelen, Hühnerfleisch und Schinken zum Reis geben und alles weitere 4 Minuten garen.

Die Muschelsorten unter fließendem Wasser gründlich bürsten, geöffnete Schalen wegwerfen. In einem großen Topf mit dem Wein etwa 3 Minuten köcheln, bis sich die Schalen öffnen. Jetzt noch geschlossene Muscheln entfernen. Die Garnelen in Schalen im Sud erwärmen.

Einige Muscheln aus den Schalen lösen und unter die Paella heben. Paella auf einer vorgewärmten Platte anrichten und mit Petersilie bestreuen.

Für 4 Portionen
1 Zwiebel
1 Knoblauchzehe
2 El Olivenöl
225 g Langkornreis
Salz, Pfeffer
Safranfäden
600 ml Hühnerbrühe
200 g Erbsen
100 g gekochtes Hühnerfleisch
100 g gekochter Schinken
150 g geschälte Garnelen
600 g Miesmuscheln
300 g Venusmuscheln
10 El Weißwein
8 Garnelen in Schalen
4 El frisch gehackte Petersilie

Zubereitungszeit: ca. 20 Minuten
(plus Koch und Bratzeit)
Pro Portion ca. 673 kcal/2824 kJ
73 g E · 13 g F · 64 g KH

Für 4 Portionen

- 2 kg Miesmuscheln
- 125 ml Weißwein
- 20 Knoblauchzehen
- 1 Baguette
- 1 Bund glatte Petersilie
- 3 El Olivenöl
- 3 El Crème double
- Salz, Pfeffer

Zubereitungszeit: ca. 30 Minuten
(plus Koch- und Bratzeit)
Pro Portion ca. 285 kcal/1239 kJ
26 g E · 9 g F · 20 g KH

Französische Muschelpfanne

Französische Muschelpfanne
Die Muscheln unter fließendem Wasser gründlich bürsten, geöffnete Muscheln wegwerfen. Die Muscheln mit dem Wein in einem Topf erhitzen, etwa 4 Minuten unter gelegentlichem Rütteln garen, abgießen, den Sud auffangen. Geschlossene Muscheln wegwerfen.

Die Knoblauchzehen schälen und halbieren. Das Baguette in Scheiben schneiden und die Scheiben vierteln. Die Petersilie waschen, trocken schütteln und hacken.

Das Öl in einer Pfanne erhitzen und die Knoblauchzehen mit den Brotstücken darin unter Rühren etwa 12 Minuten braten, bis das Brot knusprig ist und die Knoblauchzehen weich sind. Das Brot aus der Pfanne nehmen und in ein Schälchen füllen.

Das Muschelfleisch aus den Schalen lösen und in die Pfanne geben, die Petersilie bis auf 1 El hinzufügen. Beides kurz erwärmen. Den Muschelsud durchsieben und mit Crème double erhitzen. Mit Salz und Pfeffer abschmecken, Petersilie unterrühren und zu den Muscheln servieren.

Gebackene Calamari mit Knoblauchmayonnaise

Für 4 Portionen
500 g frische küchenfertige Tintenfischtuben mit Tentakeln
50 g Mehl
Salz, Pfeffer
300 ml Frittieröl
1 El frischer gehackter Oregano

Knoblauchmayonnaise
1 Eigelb
250 ml Öl
2 Knoblauchzehen
Salz
Cayennepfeffer

Zubereitungszeit: ca. 30 Minuten (plus Frittier- und Einweichzeit)
Pro Portion ca. 238 kcal/998 kJ
22 g E · 11 g F · 13 g KH

Gebackene Calamari mit Knoblauchmayonnaise
Die Tintenfischtuben waschen, trocken tupfen und in 0,5 cm breite Ringe schneiden. Das Mehl mit Salz und Pfeffer mischen und die Tintenfischringe sowie die Tentakeln darin wenden.

Das Öl in einem hohen Topf auf 180 °C erhitzen und die Tintenfische darin portionsweise goldbraun frittieren. Herausnehmen und auf Küchenpapier abtropfen lassen.

Für die Knoblauchmayonnaise das Eigelb und 1–2 El Wasser in einer Schüssel mit dem Schneebesen verquirlen. Das Öl zuerst tropfenweise, dann in dünnem Strahl zugießen und dabei ständig mit dem Schneebesen unterrühren. Wenn eine cremige Mayonnaise entstanden ist, den Knoblauch schälen und dazupressen. Die Knoblauchmayonnaise mit Salz und Cayennepfeffer abschmecken.

Die gebackenen Calamari mit Oregano bestreut auf Tellern anrichten und die Knoblauchmayonnaise dazu reichen.

Oregano ist die wilde Form des Majorans. Beide Pflanzen sind niedrig wachsende, stark duftende Sträucher, die zum Würzen verwendet werden. Sie gedeihen vorwiegend im Mittelmeerraum. In der Küche werden sie frisch, getrocknet und gemahlen vor allem für mediterrane Gemüse, Fisch- und Fleischgerichte eingesetzt. In der Naturheilkunde wird den Kräutern krampf- und schleimlösende, magenberuhigende und bakterienhemmende Wirkung nachgesagt.

Die **Knoblauchknolle** war bereits bei den alten Ägyptern als kraft- und ausdauerspendend bekannt. Heute gehört die Zwiebelpflanze in jede Küche, zum Würzen von Marinaden, Saucen, Suppen, Gemüse und Fleisch. Auch für Pesto, Mayonnaise und Tapenade wird Knoblauch verwendet. In der Heilkunde wird die Knolle als Mittel unter anderem bei Krämpfen, Bronchitis, Gicht, Bluthochdruck und Verdauungsbeschwerden empfohlen.

FAMILY THING

Garnelen mit würzigem Minz-Dip

Die Garnelen waschen, trocken tupfen. Das Öl in 2 Pfannen erhitzen und je 12 Garnelen pro Pfanne braten. Die Knoblauchzehen in der Schale zerdrücken und je 3 pro Pfanne zugeben. Die Garnelen von beiden Seiten etwa 3 Minuten braten. Mit Salz und Pfeffer würzen und mit Limonenscheiben garniert anrichten.

Für den Dip die Minze waschen, trocken schütteln und hacken. Einige Blättchen beiseitelegen. Die Chilischoten putzen, entkernen und fein hacken bzw. würfeln. Gehackte Minze mit grünen Chilischoten, Sesam- und Sonnenblumenöl und Limettenensaft glatt rühren. Mit Salz würzen, die roten Chiliwürfel unterheben. Mit Minzeblättern garnieren. Den Dip zu den gebratenen Garnelen reichen.
Dazu schmecken frisches Brot und Salat.

Garnelen mit würzigem Minz-Dip

Für 4 Portionen
24 rohe Riesengarnelen
9 El Öl
6 Knoblauchzehen
Salz, Pfeffer
1 Limette

Dip
1 Bund Minze
6 grüne Chilischoten
1 rote Chilischote
3 El Sesamöl
3 El Sonnenblumenöl
3 El Limonensaft
Salz

Zubereitungszeit: ca. 20 Minuten (plus Bratzeit)
Pro Portion ca. 418 kcal/1754 kJ
52 g E · 21 g F · 5 g KH

Bei der **Minze** unterscheidet man Pfefferminze und Krauseminze, wobei die Pfefferminze wegen des ätherischen Öls Menthol einen intensiveren Geruch und Geschmack hat. Der erfrischende Geschmack verleiht Suppen, Saucen, Gemüse, Fleisch und Fisch ein unverwechselbares Aroma. Auch Kaugummi, Liköre und Zahncreme werden mit Minze versetzt. Minze hilft bei Magen- und Gallenbeschwerden, sie ist schleimlösend und anregend. Zu viel davon führt zu Schlaflosigkeit.

Garnelen auf indische Art

Garnelen auf indische Art

Die Garnelen entlang des Rückens aufschneiden und den Darm entfernen, waschen und trocken tupfen. 3 Knoblauchzehen schälen und zerdrücken. Den Ingwer schälen und fein reiben. Den Knoblauch mit Ingwer, Tamarindenpaste, Kurkuma, Zucker, 1 Tl Salz und Chilipulver mischen, die Garnelen darin etwa 10 Minuten einlegen.

5 Knoblauchzehen schälen, halbieren und leicht zerdrücken. Das Öl in einer Pfanne erhitzen und die Knoblauchzehen darin braten. Die Garnelen mit Marinade zugeben und unter Rühren 1 Minute mitbraten.

Die Kokosmilch angießen. Die Chilischoten putzen, entkernen und in die Pfanne geben. Aufkochen, dann vom Herd nehmen und mit Salz abschmecken. Mit Koriander bestreut servieren.
Dazu schmeckt Basmatireis.

Für 4 Portionen
1 kg rohe Garnelen ohne Kopf und Schalen
8 Knoblauchzehen
2 cm Ingwerwurzel
4 Tl Tamarindenpaste
1/2 Tl Kurkumapulver
1/2 Tl Zucker
Salz
1 Prise Chilipulver
3 El Sonnenblumenöl
375 ml Kokosmilch
2 grüne Chilischoten
2 El frisch gehackter Koriander

Zubereitungszeit: ca. 30 Minuten
(plus Marinier- und Bratzeit)
Pro Portion ca. 360 kcal/1512 kJ
52 g E · 9 g F · 15 g KH

Tipp

Kurkuma ist stark färbend. Achten Sie beim Kochen darauf. Flecke in der Kleidung sollten sofort mit Seifenlauge ausgewaschen werden.

JAKOBSMUSCHELSPIEẞE MIT CHILI-PAPRIKASALAT

JAKOBSMUSCHELSPIEẞE MIT ORANGEN-BLATTSALAT

GARNELENSPIEẞE MIT SCHARFEM PAPAYASALAT

TINTENFISCHSPIEẞE MIT SCHARFEM MANGOSALAT

THUNFISCHSPIEẞE MIT AVOCADO-CHILISALAT

LACHSSPIEẞE MIT SALZZITRONEN

Jakobsmuschelspieße mit scharfem Papayasalat

Für 4–5 Portionen
15 Jakobsmuscheln in der Schale*
200 g Thunfischfilet*
75 g Räucherspeck*
½ reife Papaya (225 g)*
½ Tl Korianderkörner*
¼ Bund Koriander*
1 grüne Chilischote*
50 ml Orangensaft*
2 El Öl
Salz, Pfeffer

Zubereitungszeit: ca. 30 Minuten (plus Marinier- und Bratzeit)
Pro Portion ca. 189 kcal/795 kJ
19 g E · 10 g F · 6 g KH

Jakobsmuschelspieße mit scharfem Papayasalat
Das Muschelfleisch aus der Schale lösen, waschen und abtropfen lassen. Das Thunfischfilet waschen, trocken tupfen und in 10 etwa 2 cm große Würfel schneiden. Den Speck in 0,5 cm dicke Scheiben schneiden. Jeweils 3 Muscheln, 2 Thunfischstücke und 2 Scheiben Speck abwechselnd auf Spieße stecken.

Die Papaya halbieren, die Kerne entfernen, die Frucht schälen und in Würfel schneiden. Die Korianderkörner im Mörser zerstoßen. Den frischen Koriander waschen, trocken schütteln und fein hacken. Die Chilischote putzen, entkernen und in dünne Ringe schneiden.

Die Papaya mit Orangensaft, Korianderkörnern, Koriandergrün und Chili mischen und etwa 10 Minuten marinieren. Anschließend auf 5 gesäuberte Jakobsmuschelschalen verteilen.

Das Öl in einer Pfanne erhitzen und die Jakobsmuschelspieße darin von beiden Seiten etwa 2 Minuten braten. Mit Salz und Pfeffer würzen und mit dem Papayasalat servieren.

* Die mit einem Sternchen versehenen Zutaten können ausgetauscht werden. Gewürze und Kräuter je nach Belieben.

2006 Santiago Ruiz
Santiago Ruiz, Rias Baixas

Aus dieser traditionsreichen Kellerei kommt einer der besten Weißweine Spaniens. Dieser Albarino zeigt sich schüchtern mit hellgelber Farbe. Er ist klar und glänzend. In der Nase dann findet man sehr aromatische Pfirsichnoten und ein schönes florales Bukett. Er ist angenehm frisch und sehr ausgewogen in Säurestruktur und Körper.

Meeresfrüchtepfanne mit Krebsen

Meeresfrüchtepfanne mit Krebsen
Die Meeresfrüchte waschen, trocken tupfen, Krebsfleisch und Tintenfische klein schneiden die Muscheln halbieren. Mit Salz, Pfeffer und 1 Tl Öl mischen.

Den Ingwer schälen und in Streifen schneiden, die Chilischote putzen, entkernen und in dünne Streifen schneiden, die Frühlingszwiebeln putzen und in Ringe schneiden, die Knoblauchzehen schälen und hacken. Die Karotte schälen und in Scheiben, den Sellerie putzen, waschen und in Stücke schneiden.

Das restliche Öl in einer Pfanne oder dem Wok erhitzen. Die Meeresfrüchte darin etwa 1–2 Minuten braten. Dann mit einer Schaumkelle herausnehmen.

Die Gewürze sowie das Gemüse in das Öl geben. Etwa 1½ Minuten braten, dann die restlichen Zutaten bis auf das Sesamöl hinzufügen und aufkochen. Die Meeresfrüchte wieder zugeben und alles eine weitere Minute braten. Vor dem Servieren das Sesamöl darüberträufeln.

Für 4 Portionen
100 g Krebsfleisch
6 Jakobsmuscheln ohne Schale
100 g kleine Tintenfische
1½ Tl Salz, Pfeffer
6 El Rapsöl
2 Scheiben Ingwer
1 rote Chilischote
2 Frühlingszwiebeln
2 Knoblauchzehen
1 Karotte
1 Stangensellerie
2 El Fischfond
1 El Sojasauce
2 El Sherry
1 Tl Maisstärke
1 Tl Sesamöl

Zubereitungszeit: ca. 40 Minuten (plus Bratzeit)
Pro Portion ca. 193 kcal/811 kJ
16 g E · 10 g F · 9 g KH

Fischfond können Sie selbst zubereiten. Dazu kochen Sie etwa 1 kg Fischkarkassen (außer Innereien) von Weißfischen mit 1 geschälten Zwiebel, die Sie mit 2 Gewürznelken spicken, 1 Bund gewürfeltem Suppengemüse, 1 gehackten Knoblauchzehe und 200 ml Weißwein in 1 l Wasser. Geben Sie je 1 Tl Pfeffer-, Senf- und Pimentkörner, Fenchelsamen sowie 2 Lorbeerblätter dazu und kochen die Mischung 30 Minuten. Gießen Sie die Brühe dann durch ein Sieb und kochen Sie auf ein Drittel ein. Den Fond mit Salz und Pfeffer abschmecken.

Für 4 Portionen	Salz, Pfeffer
12 Riesengarnelen ohne Schale	1 Prise Chilipulver
600 g Weißfischfilet	2 El Weißweinessig
400 g Tomaten	Zucker
500 g gemischte Paprikaschoten	1 Bund gemischte Kräuter
1 rote Chilischoten	
100 g Zwiebeln	
3 Knoblauchzehen	
7 El Olivenöl	

Zubereitungszeit: ca. 40 Minuten (plus Bratzeit)
Pro Portion ca. 560 kcal/2352 kJ
90 g E · 16 g F · 13 g KH

Scampi-Fischpfanne mit Gemüse

Scampi-Fischpfanne mit Gemüse
Die Scampi am Rücken aufschlitzen und den Darm entfernen. Scampi und Fisch waschen und trocken tupfen. Das Fischfilet in 4 cm große Stücke schneiden.

Die Tomaten heiß überbrühen, Häute, Stielansätze und Kerne entfernen, das Fruchtfleisch würfeln. Die Paprikaschoten mit dem Sparschäler dünn abschälen, halbieren und die Kerne entfernen, das Fruchtfleisch in Streifen schneiden. Die Chilischote putzen, entkernen und würfeln. Zwiebeln und Knoblauch schälen und fein hacken.

Das Öl in einer großen Pfanne erhitzen. Die Scampi darin unter Wenden 2 Minuten braten. Mit Salz, Pfeffer und Chili würzen und herausnehmen. Die Fischstücke im selben Öl 2 Minuten braten. Würzen und herausnehmen.

Das Gemüse in die Pfanne geben und etwa 5 Minuten unter Rühren braten. Würzen, den Essig angießen und mit Zucker abschmecken. Scampi und Fisch zum Gemüse geben und alles weitere 3 Minuten schmoren. Die Kräuter waschen, trocken schütteln und fein hacken. In die Pfanne geben, untermischen und sofort servieren.
Dazu schmeckt frisches Brot.

Jakobsmuscheln in Champagnersauce

Für 4 Portionen
12 Jakobsmuscheln mit Schalen
1 Bund Frühlingszwiebeln
2 cm Ingwerwurzel
2 Knoblauchzehen
50 g Butter
100 ml Champagner
5 El Sahne
Salz, Pfeffer
2 El frisch gehackte Petersilie

Zubereitungszeit: ca. 30 Minuten (plus Bratzeit)
Pro Portion ca. 179 kcal/750 kJ
6 g E · 13 g F · 6 g KH

Jakobsmuscheln in Champagnersauce
Die Jakobsmuscheln aus den Schalen lösen, austretende Flüssigkeit und Schalen aufbewahren. Die Muscheln säubern, waschen und trocken tupfen.

Die Frühlingszwiebeln putzen, waschen und schräg in 3 cm lange Stücke schneiden. Den Ingwer schälen und fein hacken. Die Knoblauchzehen schälen und ebenfalls hacken.

Die Butter in einer Pfanne erhitzen und die Frühlingszwiebelstücke, den Ingwer und die Knoblauchzehen darin unter Rühren 3 Minuten schmoren. Die Jakobsmuscheln in Scheiben schneiden und mit ihrer Flüssigkeit zugeben.

Die Mischung etwa 5 Minuten kräftig braten, dann Muscheln und Gemüse mit einer Schaumkelle aus der Pfanne nehmen. Den Champagner in die Pfanne geben und etwas einkochen. Dann die Sahne unterrühren. Muscheln und Gemüse wieder in die Pfanne geben und mit Salz und Pfeffer abschmecken. Mit Petersilie garniert servieren. Nach Belieben in den gesäuberten Muschelschalen anrichten.

Champagner ist ein Schaumwein, der aus der Champagne stammt. Die französische Weinbauregion liegt im Norden Frankreichs und umfasst neben der Champagne auch in der Region Picardie und Île de France gelegene Gebiete.

Schon seit einigen Jahrhunderten liefert sie den weltweit beliebtesten Schaumwein, für dessen Herstellung strenge Auflagen bestehen. Champagner wird aus drei Rebsorten hergestellt: Pinot Noir, Pinot Meunier und Chardonnay. Die in ihm enthaltene Kohlensäure wird nicht zugesetzt, sondern entsteht bei einer zweiten Gärung direkt in der Flasche. Dazu wird der Wein mit etwas Rohr- und Rübenzucker und Hefe versetzt. Nach etwa drei Wochen ist die Gärung abgeschlossen. Dennoch muss echter Champagner noch einige Monate „reifen", bis er abschließend verkorkt und verkauft wird. Die Gärmethode heißt heute „Méthode traditionnelle" (früher hieß sie „Mèthode champagnoise").

Aus dem Ofen und vom Grill

So ruhig das Meer an manchen Abenden daliegt, so aufgewühlt und wild kann es sein.

Früher war der Mensch dem Meer und seinen Launen vollständig ausgesetzt. Beim Fischfang zählten das Können und das Glück des Einzelnen.

Lange bevor der Fischfang mit großen Hochseeflotten und hochtechnisierten Fangmethoden betrieben wurde, waren viele Fischer Einzelkämpfer, die jeden Tag aufs Neue den Gefahren des Meeres trotzten – mehr oder weniger erfolgreich. Der Kampf gegen die Naturgewalten war oft genug Gegenstand von Filmen oder Romanen. Berühmtestes Beispiel ist sicherlich Ernest Hemingways Roman „Der alte Mann und das Meer". Er beschreibt die Geschichte eines alten Fischers, der monatelang täglich erfolglos aufs Meer hinausfährt, um Fische zu fangen. Eines Tages bekommt er den größten Fisch, den er je gesehen hat, an die Angel. Tagelang kämpft er mit ihm – mit nur einer Handangel, einem Haken, einem Messer und seiner Muskelkraft als Hilfe. Letztendlich verliert er den Kampf und muss den Fisch erschöpft und verzweifelt aufgeben. Als gebrochener Mann kehrt er vom Meer zurück, das ihm seine Grenzen gezeigt hat.

Die Fischfangmethoden waren zu der Zeit, als die Geschichte spielt, noch sehr einfach. Die Boote waren viel kleiner und kaum technisch ausgerüstet – schon gar nicht die der einzelnen Fischer. Das hat sich mittlerweile entscheidend geändert.

Aus dem Ofen und vom Grill

Nach getaner Angelarbeit und mit einem stattlichen Fisch am Haken freut sich jeder auf die Zubereitung – am besten direkt über offenem Feuer gegrillt – und das gemeinsame Essen.

Tatsächlich sind im Ganzen gebratene oder gegrillte Fische unvergleichlich gut – egal ob am Lagerfeuer oder im heimischen Garten zubereitet. Die Fischhaut knusprig, das Fleisch mit einem zarten, rauchigen Geschmack und der Bauch mit frischen Kräutern gefüllt – so schmeckt gegrillter Fisch am besten. Beim Essen kann man in Urlaubserinnerungen schwelgen oder einfach ganz neue und unbekannte Geschmackserlebnisse erfahren.

Fischstücke in Bananenblättern gegrillt erinnern an Urlaub im Fernen Osten, gegrillte Brassen auf Weinblättern – da denkt man an laue Abende in einer griechischen Taverna. Gegrillter Schwertfisch schmeckt nach Sonne, Strand und Meer irgendwo im Süden.

Wenn sie in der Pfanne gebraten oder im Ofen überbacken werden, sind Fische und Meeresfrüchte ebenfalls eine Gaumenfreude. Und auch hier kann man sich exotische Gerüche und fremde Aromen nach Hause holen. Der Duft von Kreuzkümmel und Zitronengras, der Geschmack von Muskat, Anis- oder Trüffelöl, eine knusprige Kruste aus Bröseln und Käse und eine schmackhafte Füllung aus Hummerfleisch – wer kann dem widerstehen? Klassisch italienisch mit Mozzarella und Tomaten überbacken oder nordisch in der Salzkruste, wonach immer Ihnen der Geschmack steht, Sie können alle Rezepte ausprobieren, eins nach dem anderen.

ZANDER MIT KRÄUTER-
NUSSKRUSTE

ZANDER MIT KRÄUTER-
KÄSEKRUSTE

SEELACHS MIT KRÄUTERKRUSTE

STEINBEISSER MIT TOMATEN-BASILIKUM-KRUSTE

PANGASIUS MIT PESTOKRUSTE

TILAPIA MIT OLIVEN-BROT-KRUSTE

Zanderfilet mit Kräuterkruste

Für 4 Portionen
4 weiße Champignons*
4 Schalotten*
je 1/2 Bund Petersilie, Schnittlauch, Koriander*
100 g Butter*
40 g Paniermehl
1 Eigelb, gekocht*
4 Zanderfilets mit Haut*
Salz, Pfeffer
100 ml trockener Weißwein*
Fett für die Form

Zubereitungszeit: ca. 20 Minuten (plus Backzeit)
Pro Portion ca. 415 kcal/1743 kJ
35 g E · 24 g F · 11 g KH

Zanderfilet mit Kräuterkruste
Die Pilze putzen, feucht abreiben und fein hacken. Die Schalotten schälen und würfeln. Die Kräuter waschen, trocken schütteln und fein schneiden. Diese Zutaten mit der Butter, dem Paniermehl und dem Eigelb zu einer dicken Paste vermengen.

Den Backofen auf 225 °C (Umluft 200 °C) vorheizen. Die Fischfilets waschen, trocken tupfen und mit Salz und Pfeffer würzen. Mit der Hautseite nach unten in eine gefettete Form legen und mit der Kräuter-Pilz-Paste bestreichen.

Den Wein in die Form gießen und den Fisch etwa 15 Minuten backen. In den letzten 5 Minuten den Grill zuschalten, damit die Kruste bräunt.

* Die mit einem Sternchen versehenen Zutaten können ausgetauscht werden. Gewürze und Kräuter je nach Belieben.

2006 Gavi "La Rocca"
Coppo, Piemont

Eine delikate Zitrusnote mit feinen Nuancen von Mirabellen begleitet diesen zartgelben Wein. Die pikante Würze und das mineralische Säurespiel lassen ihn spritzig und erfrischend wirken.

Lachsforelle mit Anisöl und Pastinakenpüree

Lachsforelle mit Anisöl und Pastinakenpüree
Den Backofen auf 180 °C (Umluft 160 °C) vorheizen. Die Lachsforellenfilets waschen, trocken tupfen und mit der Hautseite nach unten in eine Auflaufform legen. Das Salz mit den Korianderkörnern im Mörser zerstoßen, den Ingwer schälen und fein reiben. Beides mischen und über die Forellenfilets geben. Die Zitrone heiß abwaschen, in Scheiben schneiden und auf den Fisch legen. Im Ofen etwa 15 Minuten backen.

Für 4 Portionen
4 Lachsforellenfilets mit Haut (ca. 800 g)
1/2 El grobes Salz
1 Tl Korianderkörner
30 g Ingwerwurzel
1/2 unbehandelte Zitrone
3 El Erdnussöl
1 Tl Anissamen

Pastinakenpüree
300 g Kartoffeln
200 g Pastinaken
Salz, Pfeffer
Muskat
2 El Butter
Milch

Zubereitungszeit: ca. 20 Minuten (plus Back und Kochzeit)
Pro Portion ca. 405 kcal/1701 kJ
40 g E · 19 g F · 17 g KH

Das Öl in einer Pfanne erhitzen und die Anissamen darin anrösten. Das Anisöl vor dem Servieren über die Fischfilets träufeln.

Für das Püree die Kartoffeln und Pastinaken schälen, würfeln und in kochendem Salzwasser etwa 15 Minuten garen. Mit dem Kartoffelstampfer zerstampfen, mit Salz, Pfeffer und Muskat würzen. Die Butter unterrühren und so viel warme Milch zugeben, dass ein cremiges Püree entsteht.

Die Lachsforellenfilets mit dem Pastinakenpüree servieren.

Die fleischigen Wurzeln der **Ingwerpflanze** sind schon lange als Würz- und Heilmittel bekannt. Der Geschmack von frischem Ingwer ist sehr erfrischend und angenehm scharf. Am besten sind Ingwerwurzeln, wenn sie noch saftig sind und einen Zitrusduft verströmen. Im Alter wird Ingwer faserig und schärfer. Es gibt Ingwer in getrockneter Form und gemahlen als Pulver. Ingwer wird nicht nur wegen seines Aromas geschätzt, sondern auch wegen seiner Heilwirkung bei Husten und Magen-Darm-Störungen.

Für 4 Portionen
1 große küchenfertige Forelle ohne Gräten
Salz, Pfeffer
225 g Rinderschinken
1 grüne Paprikaschote
2 Schalotten
1 Scheibe Weißbrot
4 El Zitronensaft
140 g Joghurt
je 2 El frisch gehackter Koriander, Petersilie und Dill
1 Knoblauchzehe

Zubereitungszeit: ca. 25 Minuten (plus Backzeit)
Pro Portion ca. 193 kcal/809 kJ
24 g E · 6 g F · 10 g KH

Gefüllte Forelle mit Kräutercremesauce

Gefüllte Forelle mit Kräutercremesauce

Den Backofen auf 180 °C (Umluft 160 °C) vorheizen. Den Fisch innen und außen waschen und trocken tupfen. Mit Salz und Pfeffer würzen. Den Schinken würfeln. Die Paprikaschote putzen, waschen, entkernen und fein hacken. Die Schalotten schälen und hacken. Das Brot zerkrümeln. Die Zutaten mit dem Zitronensaft mischen und die Bauchhöhle des Fisches damit füllen.

Den Fisch auf ein gefettetes Stück Alufolie legen und gut verschließen. Die Folie auf ein Backblech legen und den Fisch im Ofen etwa 30 Minuten backen. Das Fleisch sollte fest und weiß sein.

Den Joghurt mit den Kräutern mischen. Die Knoblauchzehe schälen und dazudrücken. Mit Salz und Pfeffer abschmecken. Den Fisch aus der Folie nehmen und auf einer vorgewärmten Platte mit der Kräutercreme anrichten. Dazu schmecken Salzkartoffeln.

Dorade im Salzteig

Für 4 Portionen
500 g Mehl
500 g Salz
4 Eier
Salz, Pfeffer
30 Wacholderbeeren
100 g grobkörniger Senf
2 Bund Dill
4 küchenfertige Doraden (ca. 1 kg)
250 g Crème fraîche

Zubereitungszeit: ca. 40 Minuten (plus Ruhe- und Backzeit)
Pro Portion ca. 947 kcal/3980 kJ
71 g E · 31 g F · 95 g KH

Dorade im Salzteig
Das Mehl mit dem Salz, 3 Eiern und 180 ml Wasser mit dem Rührgerät verrühren, dann mit den Händen zu einem glatten Teig kneten. Den Teig in Klarsichtfolie wickeln und etwa 1 Stunde im Kühlschrank ruhen lassen.

Die Wacholderbeeren mit dem Mörser zerstoßen und mit dem Senf mischen. Den Dill waschen, trocken tupfen. Die Doraden innen und außen waschen und trocken tupfen. Innen mit 1/3 der Senfmischung einreiben und 1 Bund Dill in den Bauchhöhlen verteilen.

Den Backofen auf 230 °C (Umluft 210 °C) vorheizen. Den Teig in 8 Portionen teilen und auf Backpapier dünn ausrollen. Die Hälfte des Teiges mit einem weiteren Drittel der Senfmischung bestreichen und mit insgesamt 1/2 Bund Dill belegen. Die Fische auf die Teigstücke legen und die Oberseite der Fische mit der restlichen Senfmischung bestreichen. Den restlichen Dill darauf verteilen.

Das letzte Ei verquirlen und die Teigränder damit einstreichen. Die Fische mit den restlichen Teigstücken abdecken und rundherum gut andrücken. Überstehenden Teig abschneiden. Nach Belieben den Teig in Fischform verzieren. Fische mit dem Backpapier auf ein Backblech legen und im Ofen etwa 25–30 Minuten backen. Nach dem Backen 5 Minuten ruhen lassen. Zum Servieren einen Deckel abschneiden und die Fischhaut abnehmen. Dazu Crème fraîche und Salat reichen.

Senf ist eine Pflanze, die aus dem Mittelmeerraum stammt und bereits seit der Antike angebaut und als Würzmittel verwendet wird. Die in der Küche verwendeten Senfkörner sind die Samen der Senfpflanzen, von denen es etwa 40 Arten gibt. Die bekanntesten sind der schwarze und weiße Senf sowie der Ackersenf. Die Samen des schwarzen Senfs haben einen scharfen, stechenden Geschmack, während die weißen Samen eher bitter schmecken. Zur Herstellung von Senf werden die Samen eingeweicht und dann zerdrückt. Zusammen mit anderen Gewürzen und Zutaten entstehen die unterschiedlichen Senfarten. Die ganzen Körner werden zum Zubereiten von Marinaden und Beizen verwendet.

Senf regt den Appetit und die Verdauung an, er fördert die Bildung von Magensäften. Außerdem wirkt er antiseptisch und desinfizierend.

TX-36

Überbackenes Schollenfilet mit Thymiansauce

Den Spinat verlesen, putzen und waschen. Zwiebeln und Knoblauchzehen schälen und fein hacken. Die Butter in einem Topf schmelzen und die Zwiebeln und Knoblauchzehen darin glasig schmoren. Den tropfnassen Spinat zugeben und zusammenfallen lassen. Dann abtropfen lassen und auf einem Backblech verteilen. Mit Salz, Pfeffer und Muskatnuss würzen.

Die Schollenfilets waschen, trocken tupfen und mit dem Saft der Zitrone beträufeln. Die Fischfilets würzen und auf den Spinat legen. Den Backofen auf 175 °C (Umluft 150 °C) vorheizen.

Für die Sauce die Butter schmelzen und mit dem Mehl eine Mehlschwitze herstellen. Mit der Brühe ablöschen und aufkochen, Sahne angießen und die Sauce etwa 5 Minuten köcheln und andicken lassen. Die abgeriebene Schale und den Saft der Zitrone zugeben und mit Salz, Pfeffer und Muskatnuss würzen. Den Thymian waschen, trocken schütteln und die Hälfte der Blättchen in die Sauce rühren. Das Eigelb mit etwas Sauce verrühren und die Sauce damit legieren.

Den Gouda unterrühren, die Sauce über die Fischfilets gießen und diese im Ofen etwa 25 Minuten backen. Mit dem restlichen Thymian bestreut servieren. Dazu schmeckt frisches Brot.

Überbackenes Schollenfilet mit Thymiansauce

Für 4 Portionen
1 kg frischer Spinat
2 Zwiebeln
2 Knoblauchzehen
1 El Butter
Salz, Pfeffer
Muskatnuss
800 g Schollenfilets
1 Zitrone

Thymiansauce
30 g Butter
30 g Mehl
200 ml Hühnerbrühe
200 ml Sahne
1 unbehandelte Zitrone
Salz, Pfeffer
Muskatnuss
1 Bund Thymian
2 Eigelb
30 g frisch geriebener Gouda

Zubereitungszeit: ca. 20 Minuten
(plus Koch und Backzeit)
Pro Portion ca. 405 kcal/1701 kJ
50 g E · 16 g F · 14 g KH

Tipp

Statt mit Gouda kann das Schollenfilet auch mit anderem Käse über backen werden, zum Beispiel mit italienischem Fontina.

Lachs in Blätterteig mit Kräuterremoulade

Lachs in Blätterteig mit Kräuterremoulade

Den Blätterteig auftauen lassen. Den Lachs waschen und trocken tupfen, mit Zitronensaft beträufeln und mit Salz und Pfeffer würzen. Den Dill waschen, trocken tupfen, grob hacken und auf dem Lachs verteilen.

Den Backofen auf 200 °C (Umluft 180 °C) vorheizen. Den Blätterteig zu einem Rechteck ausrollen und die Ränder mit Eiweiß bestreichen. Den Lachs in den Blätterteig wickeln und die Ränder fest andrücken. Nach Belieben aus Teigresten Schuppen ausstechen und Flossen formen. Das Eigelb mit der Sahne verquirlen und den Blätterteig damit einstreichen. Den Fisch im Ofen etwa 60 Minuten backen.

Für 4–5 Portionen
400 g TK-Blätterteig
1 kg küchenfertiger Lachs
Saft von 1 Zitrone
Salz, Pfeffer
2 Bund Dill
1 Eiweiß
1 Eigelb
2 El Sahne

Remoulade
3 El Mayonnaise
150 g Joghurt
150 g saure Sahne
1/2 Bund Kerbel
1 Bund Dill
Saft von 1/2 Zitrone
1 Tl Zucker
Salz

Zubereitungszeit: ca. 30 Minuten (plus Backzeit)
Pro Portion ca. 732 kcal/3074 kJ
44 g E · 50 g F · 26 g KH

Für die Kräuterremoulade Mayonnaise mit Joghurt und saurer Sahne verrühren. Die Kräuter waschen, trocken schütteln, fein hacken und mit Zitronensaft, Zucker und Salz unterrühren.

Den Lachs mit der Kräuterremoulade servieren.

Für 4 Portionen
4 Zanderfilets ohne Haut
Saft von 1 Zitrone
je 300 g rote und gelbe Cocktailtomaten
1 Bund Basilikum
2 Kugeln Mozzarella (à 125 g)
Salz, Pfeffer
6 El Olivenöl
60 g frisch geriebener Parmesan

Zubereitungszeit: ca. 30 Minuten (plus Backzeit)
Pro Portion ca. 448 kcal/1879 kJ
47 g E · 27 g F · 4 g KH

Gebratener Zander mit Tomaten und Mozzarella

Gebratener Zander mit Tomaten und Mozzarella
Die Fischfilets waschen, trocken tupfen und mit Zitronensaft beträufeln. Die Tomaten waschen, die Stielansätze entfernen, Tomaten halbieren. Das Basilikum waschen, trocken schütteln und hacken. Den Mozzarella in dünne Scheiben schneiden.

Den Backofen auf 200 °C (Umluft 180 °C) vorheizen.

Die Fischfilets mit Salz und Pfeffer würzen und in eine oder zwei mit 2 El Öl gefettete Form(en) legen. Die Tomaten darüberlegen. Mozzarella und Basilikum darauf verteilen.

Den Parmesan darüberstreuen und im Ofen etwa 20 Minuten backen.

Dazu schmeckt frisches Fladenbrot.

Tipp

Achten Sie darauf, dass der Mozzarella ganz frisch ist. Am besten schmeckt der echte aus Büffelmilch.

STEINBEISSERRÖLLCHEN MIT KREBS-SPINATFÜLLUNG

STEINBEISSERRÖLLCHEN MIT GARNELENFÜLLUNG

STEINBEISSERRÖLLCHEN MIT KREBSFÜLLUNG

SEEZUNGENRÖLLCHEN MIT SPINAT-KÄSEFÜLLUNG

SEEZUNGENRÖLLCHEN MIT PILZ-FÜLLUNG

SEEZUNGENRÖLLCHEN MIT JAKOBSMUSCHELFÜLLUNG

Steinbeißerröllchen mit Hummerfüllung

Für 4 Portionen
250 g Hechtfilet*
Salz, Cayennepfeffer
1 El Zitronensaft*
je ½ Bund Estragon, Petersilie, Dill*
80 ml Sahne
4 Schalotten*
100 g Staudensellerie*
400 ml trockener Weißwein*
250 g Crème fraîche*
350 g Hummerfleisch*
8 Steinbeißerfilets (à 100 g)*
2 El Butter

Zubereitungszeit: ca. 30 Minuten (plus Ruhe- und Backzeit)
Pro Portion ca. 516 kcal/2185 kJ
31 g E · 33 g F · 9 g KH

Steinbeißerröllchen mit Hummerfüllung

Das Hechtfilet waschen, trocken tupfen, würfeln, mit Salz, Cayennepfeffer und Zitronensaft mischen und etwas anfrieren lassen. Dann im Mixer pürieren. Die Kräuter waschen, trocken schütteln und fein hacken, mit der Sahne unter das Fischpüree rühren und etwa 60 Minuten kalt stellen.

Die Schalotten schälen und hacken. Den Sellerie putzen, waschen und würfeln. Mit 200 ml Wein in einem Topf aufkochen und um die Hälfte reduzieren. Die Crème fraîche unterheben und sämig einkochen. Mit Salz und Cayennepfeffer abschmecken. Die Sauce durch ein Sieb streichen. Den Backofen auf 200 °C (Umluft 180 °C) vorheizen.

Das Hummerfleisch in 8 Stücke schneiden, die so breit sind wie die Steinbeißerfilets. Letztere waschen, trocken tupfen und mit der Innenseite nach unten bereitlegen. Mit Salz würzen. Die Hechtfarce durch ein Sieb streichen, dann auf den Fischfilets verteilen. Jeweils 1 Stück Hummer darauflegen und die Fischfilets zusammenrollen.

Die Röllchen in eine Auflaufform legen, die Butter und den restlichen Weißwein hinzufügen und mit Alufolie bedecken. Im Ofen etwa 20 Minuten garen.

Die Sauce erhitzen und zu den Steinbeißerröllchen servieren.

* Die mit einem Sternchen versehenen Zutaten können ausgetauscht werden. Gewürze und Kräuter je nach Belieben.

2005 Chassagne Montrachet Bouchard Pére & Fils, Côte de Beaune

Chardonnay in Perfektion – buttrig, saftig und würzig. Die elegante Säurestruktur verleiht ihm Eleganz und Frische. Der noch jugendliche Wein kann jetzt getrunken werden, aber er wird sein Potenzial erst noch zeigen.

2005 Sauvignon Blanc Grassnitzberg
Domaine Müller, Südsteiermark

Die Lage ist ein Klassiker in der Steiermark, der Produzent steht für absolute Ausnahmeweine. Aromen von Stachelbeeren, Hibiskusblüten mit feinem Kräuterextrakt. Majestätisch mit sehr gut integrierter Säurestruktur. Er ist rassig mit sehr langem Abgang.

Rotbarben auf geröstetem Kürbis

Rotbarben auf geröstetem Kürbis

Den Backofen auf 180 °C (Umluft 160 °C) vorheizen. Den Kürbis schälen, die Kerne entfernen und das Fruchtfleisch in mundgerechte Stücke schneiden. Die Zitrone heiß waschen und in Scheiben schneiden. Die Kürbisstücke auf ein Backblech legen, mit Salz, Pfeffer würzen, mit Zitronenscheiben belegen und mit dem Öl begießen. Im Ofen etwa 10 Minuten garen.

Für 4 Portionen
1 kg Kürbis
1 Zitrone
Salz, Pfeffer
8 El Olivenöl
4 küchenfertige Rotbarben
8 Knoblauchzehen
4 Rosmarinzweige
5 El Mehl
4 El Öl
6 El Aceto balsamico

Zubereitungszeit: ca. 20 Minuten (plus Brat- und Backzeit)
Pro Portion ca. 405 kcal/1701 kJ
33 g E · 21 g F · 20 g KH

Die Rotbarben waschen, trocken tupfen und mit Salz und Pfeffer würzen. Die Knoblauchzehen schälen. Je 2 Zehen Knoblauch und einen Rosmarinzweig in die Bauchhöhle eines Fisches stecken. Die Fische in Mehl wenden.

Das Öl in einer Pfanne erhitzen und die Fische darin von beiden Seiten etwa 3 Minuten braten. Den gebackenen Kürbis mit Aceto balsamico beträufeln und die Fische darauf anrichten.

Die **Kürbispflanze** gehört mit zu den ältesten Kulturpflanzen überhaupt. In Mittel- und Südamerika entwickelte sie sich aus wilden Pflanzen. Allgemein werden die zahlreichen Kürbisarten in Sommer- und Winterkürbisse eingeteilt. Zwischen Riesenkürbis und Zucchini gibt es unter anderem Turbankürbis, Eichelkürbis, Butternuss- und Hokkaidokürbis, dessen Fleisch am schmackhaftesten ist. Kürbis kann als Suppe, als Gemüse gekocht, gebraten und eingelegt gegessen werden. Kürbisse enthalten sehr viel Kalium und Vitamin A.

Für 4 Portionen
½ Stängel Zitronengras
1 Chilischote
2 Knoblauchzehen
3 cm Ingwerwurzel
3 El Fischsauce
4 El Limettensaft
abgeriebene Schale von ½ unbehandelten Limette
125 ml Kokosmilch
4 El Pflanzenöl
800 g Lachsfilet
2 große Bananenblätter
3 El Öl zum Bestreichen

Sauce
1 Bund Koriander
1 Chilischote
3 El Sesamöl
4 El Olivenöl
3 El weiße Sesamsamen
6 El Zitronensaft
1 El Fischsauce
Salz

Zubereitungszeit: ca. 30 Minuten (plus Grillzeit)
Pro Portion ca. 435 kcal/1827 kJ
38 g E · 29 g F · 5 g KH

Lachs im Bananenblatt gegrillt

Lachs im Bananenblatt gegrillt
Das Zitronengras schälen und würfeln. Die Chilischote putzen, entkernen und hacken. Die Knoblauchzehen und den Ingwer schälen und ebenfalls fein würfeln. In einer Schüssel mit Fischsauce und Limettensaft, Limettenschale, Kokosmilch und Öl mischen.

Das Lachsfilet waschen, trocken tupfen und in 4 große Stücke schneiden. In die Marinade legen und etwa 30 Minuten durchziehen lassen.

Für die Sauce den Koriander waschen, trocken schütteln und fein hacken. Die Chilischoten putzen, entkernen und hacken. Beides mit den restlichen Saucenzutaten pürieren.

Die Bananenblätter quer in ca. 22 cm breite Streifen schneiden, die abgetropften Fischstücke darauflegen und darin einwickeln. Die Seiten umlegen und mit Holzspießen zu Päckchen feststecken. Die Fischpäckchen mit dem Öl bestreichen und unter dem heißen Grill etwa 10 Minuten grillen. Die Sauce mit Salz und Pfeffer abschmecken und zum Lachs servieren.

Limandesfilet mit Bröselkruste und Fenchel

Für 4 Portionen
2 Fenchelknollen mit Grün
Salz
2 Scheiben Weizenvollkorntoast
8 Limandesfilets (à 125 g)
Pfeffer
150 g Butter

Zubereitungszeit: ca. 20 Minuten (plus Back- und Bratzeit)
Pro Portion ca. 508 kcal/2132 kJ
50 g E · 33 g F · 3 g KH

Limandesfilet mit Bröselkruste und Fenchel
Das Fenchelgrün abschneiden und beiseitelegen. Die Fenchelknollen putzen, in Streifen schneiden und in kochendem Salzwasser etwa 8 Minuten blanchieren. Aus dem Topf nehmen und in einem Sieb abtropfen lassen.

Das Brot entrinden und zerkrümeln, das Fenchelgrün fein hacken und mit den Brotbröseln mischen. Den Backofen auf 200 °C (Umluft 180 °C) vorheizen.

Die Fischfilets waschen, trocken tupfen, mit der Innenseite nach außen zusammenklappen, salzen und pfeffern und in eine Auflaufform legen. 100 g Butter schmelzen und mit den Bröseln vermischen träufeln. Die Brösel auf den Fischen verteilen. Die Fische im Ofen etwa 8 Minuten backen.

Die restliche Butter in einer Pfanne erhitzen und die Fenchelstreifen darin von beiden Seiten goldbraun braten. Die Fischfilets auf Tellern anrichten, mit Butter aus der Form beträufeln und mit dem Fenchel servieren.

Fenchel wurde bereits bei den Griechen und Römern wegen seines Geschmackes und der ihm zugeschriebenen Heilkraft geschätzt. Man glaubte, er fördere die Sehkraft. Es gibt Fenchel als Gewürz, Heilpflanze und Gemüse.

Beim Gemüsefenchel handelt es sich um die Wurzel der Fenchelpflanze. Die weißliche, zwiebelähnliche Knolle besteht aus mehreren Blattschichten, aus der die grünen Stängel wachsen, die bis zu 1,80 m hoch werden können. Fenchel schmeckt intensiv nach Anis. Die harten äußeren Blätter und der harte Strunk sollten entfernt werden, dann kann die Knolle roh wie gekocht gegessen werden. Die Garzeit sollte nur sehr kurz sein, danach kann er überbacken werden. Fenchel enthält viel Kalium, Vitamin C, Folsäure, Magnesium und Kalzium. Er wirkt entkrampfend, appetitanregend, verdauungsfördernd und harntreibend. Fenchelsamen sind zum Zubereiten von Tee geeignet.

Pangasius mit Meerrettichschaum

Die Sahne mit dem Fischfond und 10 g Meerrettich sowie dem Zucker in einen Topf geben und etwa 6 Minuten leicht einkochen. Durch ein Sieb streichen und mit Salz und Zitronensaft abschmecken.

Das Brot entrinden und in der Küchenmaschine zerkleinern. Die Hälfte der Butter in einer Pfanne erhitzen und die Brotbrösel darin goldbraun rösten. Vom Herd nehmen und mit dem restlichen Meerrettich, Salz und Kerbel mischen.

Den Backofen auf 200 °C (Umluft 180 °C) vorheizen. Die Fischfilets waschen, trocken tupfen und mit Salz und Pfeffer würzen. Auf ein gefettetes Backblech legen und mit der Bröselmischung belegen. Im Ofen etwa 7 Minuten backen.

Die Meerrettichsauce aufkochen, die restliche Butter einrühren und erneut aufkochen. Zum Fisch servieren. Dazu schmeckt Sellerie-Kartoffelpüree.

Pangasius mit Meerrettichschaum

Für 4 Portionen
75 ml Sahne
75 ml Fischfond
25 g fein geriebener Meerrettich
1 Tl Zucker
Salz
1 Tl Zitronensaft
50 g Weißbrot
60 g Butter
2 El frisch gehackter Kerbel
4 Pangasiusfilets
Pfeffer
Fett für das Backblech

Zubereitungszeit: ca. 30 Minuten (plus Backzeit)
Pro Portion ca. 335 kcal/1407 kJ
31 g E · 20 g F · 8 g KH

Meerrettich ist eine einjährige Pflanze, die zur Familie der Kreuzblütler gehört. Ihre fleischigen, scharf schmeckenden Wurzeln werden in der Küche verwendet. Die geschälten Wurzeln werden gerieben und den Speisen roh zugegeben.

In der Naturheilkunde wird Meerrettich als entkrampfend und schleimlösend und als wirksames Mittel gegen Gicht geschätzt.

Steinbutt andalusisch

Steinbutt andalusisch

Den Steinbutt innen und außen waschen, trocken tupfen und mit Salz und Pfeffer würzen. Die Zitrone auspressen und den Saft über den Fisch träufeln. Einen Fischbräter mit 10 g Butter einfetten und den Fisch hineinlegen (dunkle Seite nach unten).

Den Backofen auf 180 °C (Umluft 160 °C) vorheizen. Die Tomaten heiß überbrühen, Häute, Stielansätze und Kerne entfernen, das Fruchtfleisch würfeln. Die Zwiebeln schälen und würfeln. Die Paprikaschoten putzen, entkernen und in Streifen schneiden. Die Pilze putzen, feucht abreiben und in Scheiben schneiden.

Für 4 Portionen
1 küchenfertiger Steinbutt (ca. 1 kg)
Salz, Pfeffer
1 unbehandelte Zitrone
40 g Butter
2 Tomaten
2 Zwiebeln
je 1 grüne und rote Paprikaschote
100 g Champignons
250 ml Weißwein
10 schwarze Oliven ohne Stein

Zubereitungszeit: ca. 30 Minuten (plus Schmor- und Backzeit)
Pro Portion ca. 473 kcal/1892 kJ
45 g E · 23 g F · 11 g KH

30 g Butter in einem Topf schmelzen. Das Gemüse und die Pilze darin etwa 5 Minuten schmoren. Dann in die Form über den Steinbutt geben. Den Wein angießen. Die Oliven in Scheiben schneiden und darüberstreuen. Mit Alufolie abdecken und im Ofen etwa 30 Minuten backen. Die Folie in den letzten 5 Minuten entfernen.

Tipp

Wichtig beim Backen des Fisches ist, dass das Fleisch nicht zu trocken wird. Testen Sie nach 20 Minuten Backzeit die Konsistenz.

GEGRILLTE FORELLEN AUF SPINAT

GEGRILLTE MEERESFRÜCHTE AUF TOMATENGEMÜSE

GEGRILLTE SARDINEN AUF WEINBLÄTTERN

GEGRILLTE HERINGE AUF ZUCCHINIGEMÜSE

GEGRILLTE MAKRELEN AUF ARTISCHOCKENHERZEN

GEGRILLTER ROTBARBE AUF PAPRIKAGEMÜSE

Gegrillte Brassen auf Weinblättern

Für 4 Portionen
2 große küchenfertige Brassen (Doraden)*
Salz, Pfeffer
1/2 Bund Thymian*
1/2 Bund Oregano*
6 El Olivenöl
Saft von 1 Zitrone
2 unbehandelte Zitronen
4 Weinblätter*

Zubereitungszeit: ca. 20 Minuten (plus Grillzeit)
Pro Portion ca. 268 kcal/1124 kJ
32 g E · 12 g F · 6 g KH

Gegrillte Brassen auf Weinblättern

Den Ofengrill vorheizen. Die Fische innen und außen waschen und trocken tupfen. Dann mit Salz und Pfeffer würzen. Die Kräuter waschen, trocken schütteln und in die Bauchhöhlen der Fische stecken.

Die Doraden auf ein Backblech legen. Die Haut auf jeder Seite mehrmals einschneiden. Mit Olivenöl einstreichen, mit Zitronensaft beträufeln. Die Fische auf beiden Seiten etwa 10 Minuten grillen.

Die Zitronen heiß waschen und achteln. Die Weinblätter mit kochendem Wasser übergießen und 10 Minuten darin ziehen lassen. Dann abgießen und abtropfen lassen. Auf Tellern anrichten. Die Fische darauflegen und mit den Zitronenachteln servieren.

* Die mit einem Sternchen versehenen Zutaten können ausgetauscht werden. Gewürze und Kräuter je nach Belieben.

Seezungenstücke mit Trüffelöl

Seezungenstücke mit Trüffelöl

Die Schalotten und Knoblauchzehen schälen und fein würfeln. 4 El Olivenöl erhitzen und beide Zutaten darin glasig schmoren. Den Wein und die Dosentomaten mit Saft angießen. Mit Salz und Pfeffer abschmecken und um ein Drittel einkochen. Dann pürieren.

Die frischen Tomaten heiß überbrühen, Haut, Stielansätze und Kerne entfernen und das Fruchtfleisch würfeln. Die Nudeln in kochendem Salzwasser bissfest garen. Dann abgießen, abtropfen lassen und mit der Tomatensauce, den Tomatenstücken und dem gehackten Basilikum mischen.

Die Fischfilets waschen, trocken tupfen und in Streifen schneiden. Mit Salz und Pfeffer würzen, mit 4 El Trüffelöl einstreichen. Den Backofen auf 200 °C (Umluft 180 °C) vorheizen.

12 Stücke Alufolie mit dem restlichen Olivenöl einstreichen und jeweils 3 Fischstücke hineinlegen. Die Nudeln darauf geben und mit dem restlichen Trüffelöl beträufeln. Die Folie wie ein Päckchen verschließen und in die Fettpfanne des Ofens legen.

Etwa 25 Minuten im Ofen garen. In der Folie servieren.

Für 4 Portionen
- 150 g Schalotten
- 4 Knoblauchzehen
- 9 El Olivenöl
- 150 ml Rotwein
- 800 g geschälte Tomaten aus der Dose
- Salz, Pfeffer
- 400 g frische Tomaten
- 250 g Tagliatelle
- 1 Bund Basilikum
- 12 kleine Seezungenfilets
- 8 El Trüffelöl

Zubereitungszeit: ca. 30 Minuten (plus Schmor-, Koch- und Backzeit)
Pro Portion ca. 515 kcal/2163 kJ
37 g E · 14 g F · 52 g KH

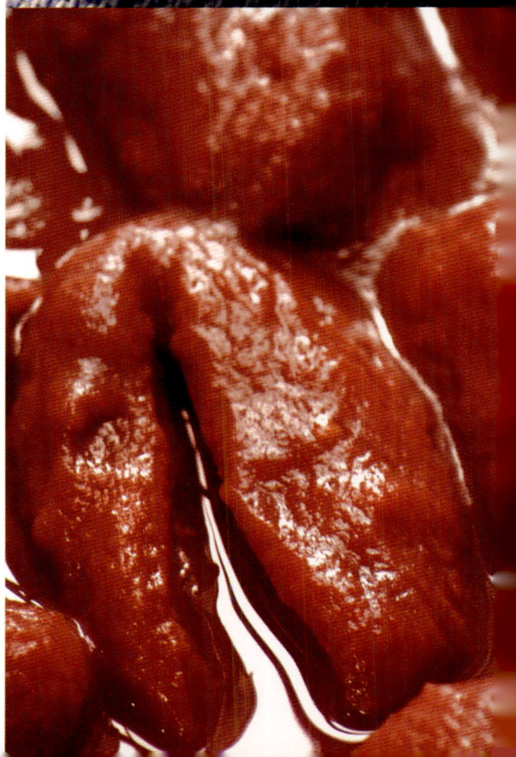

Dosentomaten sind zur Zubereitung bestimmter Gerichte wie Suppen und Saucen besser geeignet als frische Tomaten. Sie sind saftiger, schmecken intensiver und enthalten mehr roten Farbstoff Lycopin als frische Tomaten. Dieser Stoff wirkt antioxidativ und wird beim Kochen nicht zerstört.

Trüffelöl ist eine Mischung aus neutral schmeckendem Pflanzenöl und Trüffelteilen oder Trüffelaroma. Je nach Qualität befindet sich ein echter Trüffel im Öl oder es wurde mit naturidentischen Aromastoffen versetzt.

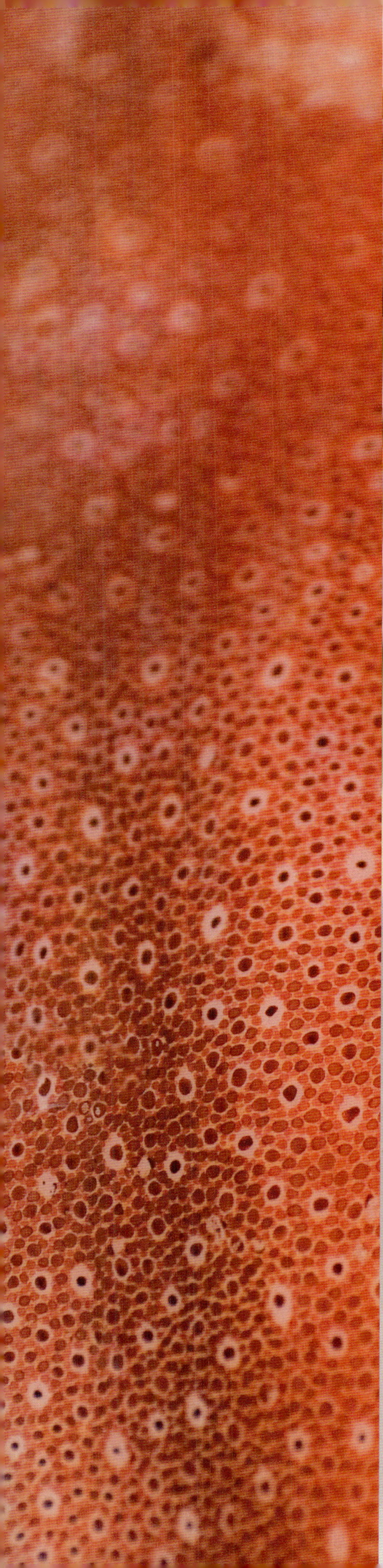

Für 4 Portionen	3 El frisch gehackte gemischte Kräuter	250 ml Fischfond
4 große küchenfertige Kalmare	Salz, Pfeffer	100 g schwarze Oliven ohne Stein
3 altbackene Brötchen	4 Tomaten	je 1 El Thymian und Rosmarin
2 El Olivenöl	1 Schalotte	
300 g Austernpilze	5 El Butter	
3 Frühlingszwiebeln	1 El Tomatenmark	
2 Knoblauchzehen	250 ml Weißwein	
2 Eier		

Zubereitungszeit: ca. 40 Minuten
(plus Schmor- und Backzeit)
Pro Portion ca. 513 kcal/2153 kJ
36 g E · 23 g F · 30 g KH

Gefüllte Tintenfische

Gefüllte Tintenfische

Die Kalmare gut waschen und trocken tupfen. Die Brötchen von der Kruste befreien und in Wasser einweichen.

Das Öl in einer Pfanne erhitzen. Die Pilze putzen, waschen, trocken tupfen und fein würfeln. Die Frühlingszwiebeln putzen und in dünne Ringe schneiden. Beides 2 Minuten schmoren. Die Brötchen gut ausdrücken, die Knoblauchzehen schälen und fein hacken. Brötchen, 1 Knoblauchzehe, Eier und Kräuter mischen, die Pilz-Frühlingszwiebel-Mischung unterheben.

Den Backofen auf 160 °C (Umluft 140 °C) vorheizen. Die Pilz-Kräuter-Farce in die Kalmare füllen und mit Holzspießen zustecken.

Die Tomaten heiß überbrühen, häuten, Stielansatz und Kerne entfernen und das Fruchtfleisch würfeln. Die Schalotte schälen und hacken. 2 El Butter in einer ofenfesten Form erhitzen und die Schalotte mit der anderen Knoblauchzehe andünsten. Tomatenmark und Wein zugeben, dann Tomatenwürfel und Fischfond hinzufügen. Zuletzt die Oliven und die Kräuter zugeben und die Kalmare dazulegen. Im Ofen etwa 30 Minuten garen. Die Kalmare 5 Minuten ruhen lassen, dann in Scheiben schneiden. Restliche Butter in die Tomatensauce rühren und mit Salz und Pfeffer abschmecken. Die Kalmarscheiben mit der Tomatensauce auf Tellern anrichten.

Goldbrasse auf asiatische Art

Für 4 Portionen
1 kg frischer Blattspinat
60 g Rosinen
9 El Olivenöl
80 g Pinienkerne
2–3 Zwiebeln
Salz, Pfeffer
1 Tl gemahlener Kreuzkümmel
8 Goldbrassenfilets mit Haut
12 El Zitronensaft
4 Stängel Zitronengras
4 Rosmarinzweige

Zubereitungszeit: ca. 30 Minuten (plus Brat- und Backzeit)
Pro Portion ca. 443 kcal/1858 kJ
39 g E · 23 g F · 18 g KH

Goldbrasse auf asiatische Art
Den Spinat verlesen, putzen und waschen. Tropfnass in einen heißen Topf geben und zusammenfallen lassen. Dann gut abtropfen lassen und ausdrücken. Die Rosinen 10 Minuten in heißem Wasser einweichen.

3 El Olivenöl erhitzen und die Pinienkerne darin rösten. Die Zwiebeln schälen und würfeln. Zu den Pinienkernen geben und mitschmoren. Den Spinat und die abgetropften Rosinen hinzufügen, gut durchrühren und alles mit Salz, Pfeffer und Kreuzkümmel würzen.

Die Fischfilets waschen, trocken tupfen, die Hautseite etwas einschneiden. Mit Salz, Pfeffer und Zitronensaft würzen. 4 Filets mit der Hautseite nach unten legen, die Spinatmischung darauf verteilen.

Das Zitronengras schälen und halbieren. Je ein Stück davon auf den Spinat legen, mit jeweils einem Fischfilet abdecken. Darauf einen Rosmarinzweig und je 1 Zitronengrashälfte legen. Mit Küchengarn umwickeln.

Den Backofen auf 180 °C (Umluft 160 °C) vorheizen. 4 El Öl in einer Pfanne erhitzen und die Fischpakete darin etwa 1 Minuten anbraten, dabei wenden. Ein Backblech mit dem restlichen Öl einstreichen, die Fischpakete darauflegen und im Ofen etwa 8 Minuten backen. Dazu Reis servieren.

Pinienkerne sind die Samen von Kiefernarten, die vor allem in Italien, Frankreich, Spanien, Portugal und den USA wachsen. Die Samen sitzen zwischen den Schuppen der Pinienzapfen und sind mit einer harten Schale umgeben. Ihr Aroma ist süß, kann aber auch leicht harzig ausfallen. Bereits im alten Rom waren die schmackhaften Kerne in der Küche beliebt. Sie werden im Ganzen oder gemahlen angeboten. Durch Rösten verlieren sie den harzigen Geschmack. Für das italienische Pesto genovese sind sie unverzichtbarer Bestandteil. Darüber hinaus finden sie als Zutat zu Salaten, Saucen, Füllungen und Süßspeisen Verwendung. Pinienkerne enthalten zu 80 % gesunde ungesättigte Fettsäuren, außerdem viel Magnesium, Kalium, Phosphor, Eisen und Ballaststoffe.

Marinierte Makrelen mit Orangen

Die Fische waschen, trocken tupfen und mit einem scharfen Messer auf beiden Seiten mehrmals schräg einschneiden. Mit Salz und Pfeffer würzen. Die Fische in einen ofenfesten Bräter legen. Die abgeriebene Orangenschale darüberstreuen und den Orangensaft angießen. Die Rosmarinzweige dazulegen und die Oliven darauf verteilen. Die Fische etwa 2 Stunden an einem kühlen Ort marinieren, mehrmals wenden.

Den Backofen auf 180 °C (Umluft 160 °C) vorheizen. Die Fische mit der Marinade begießen und im Ofen etwa 30–40 Minuten garen. Dabei öfter mit Marinade begießen. Wenn sich das Fleisch leicht von der Mittelgräte lösen lässt, sind die Fische gar. Die Orangen in Scheiben schneiden.

Die gegarten Fische mit Orangenscheiben und der Sauce servieren. Dazu passen Duftreis und ein Chicoréesalat.

Marinierte Makrelen mit Orangen

Für 4 Portionen
4 küchenfertige Makrelen
Salz, Pfeffer
abgeriebene Schale von
1 unbehandelten Orange
Saft von 2 Orangen
2 Rosmarinzweige
50 g schwarze Oliven ohne Stein
1 unbehandelte Orange

Zubereitungszeit: ca. 20 Minuten
(plus Marinier- und Bratzeit)
Pro Portion ca. 358 kcal/1501 kJ
30 g E · 23 g F · 9 g KH

Rosmarin ist ein intensiv riechender mediterraner Strauch, der bis zu 1,50 Meter hoch werden kann. Seine schmalen, länglichen Blätter, die eher Nadeln gleichen, werden zum Würzen verwendet. Als Bestandteil der Kräuter der Provence ist er Zutat in vielen Gemüse-, Fleisch-, Fisch- und Geflügelgerichten. Mit Rosmarin werden Öle und Weine aromatisiert und Salate gewürzt. Außerdem wird er in der Kosmetikindustrie eingesetzt. Rosmarin wirkt krampflösend, schweißtreibend, beruhigt den Magen, hilft bei Blähungen und regt den Kreislauf an.

Gegrillte Schwertfischsteaks mit Grapefruit-Pomelo

alat

Gegrillte Schwertfischsteaks mit Grapefruit-Pomelo-Salat

Die Früchte heiß abwaschen. Die Grapefruits, Pomelo und Limette mit einem Sparschäler dünn schälen, die Schalen in dünne Streifen schneiden und beiseite stellen.

Die Früchte filetieren. Die Frühlingszwiebel putzen, waschen und fein hacken. Die Zitrusschalen mit Frühlingszwiebel, Koriander, Zucker und 1 El Zitronensaft verrühren. Die Fruchtfilets mit dieser Sauce mischen.

Für 4 Portionen
4 unbehandelte rosa Grapefruits
1 unbehandelte Pomelo
1 unbehandelte Limette
1 Frühlingszwiebel
2 El frisch gehackter Koriander
1 El Zucker
Saft von 1 Zitrone
4 Schwertfischsteaks
2 El Traubenkernöl
Salz, Pfeffer

Zubereitungszeit: ca. 20 Minuten (plus Grillzeit)
Pro Portion ca. 418 kcal/1754 kJ
33 g E · 10 g F · 38 g KH

Den Grill vorheizen. Die Schwertfischsteaks waschen, trocken tupfen. Restlichen Zitronensaft mit dem Öl, Salz und Pfeffer mischen und die Fischsteaks damit einstreichen.

Unter dem heißen Grill etwa 4 Minuten von jeder Seite grillen. Mit dem Grapefruit-Pomelo-Salat servieren. Dazu passt gebratener Reis.

Tipp

Die Pomelo ist eine Kreuzung aus Grapefruit und Pampelmuse. Wem der Geschmack zu bitter ist, kann sie durch Orangen ersetzen.

GEBACKENE MEERÄSCHE MIT FENCHEL UND DILL

GEBACKENE MEERÄSCHE MIT TAMARILLOS

GEBACKENE ROTBARBE MIT KRÄUTERN UND LIMONEN

GEBACKENER RED SNAPPER MIT AUBERGINEN

GEBACKENE FORELLE MIT TRAUBEN UND MANDELBLÄTTCHEN

GEBACKENE DORADE MIT ZUCKERSCHOTEN

Gebackene Meeräschen mit Tomaten und Basilikum

Für 4 Portionen
4 küchenfertige Meeräschen*
Salz, Pfeffer
3 El Olivenöl
3 El Noilly Prat*
Saft von 1 Zitrone
4 Knoblauchzehen
350 g frische Tomaten*
½ Bund Basilikum*

Zubereitungszeit: ca. 20 Minuten (plus Brat- und Backzeit
Pro Portion ca. 231 kcal/971 kJ
30 g E · 10 g F · 3 g KH

Gebackene Meeräschen mit Tomaten und Basilikum
Den Backofen auf 180 °C (Umluft 160 °C) vorheizen. Den Fisch waschen und die Flossen abschneiden. Die Fische würzen und in eine feuerfeste Form legen.

Das Öl mit Noilly Prat und Zitronensaft verrühren. Die Knoblauchzehen schälen und in dünne Scheiben schneiden. Die Fische mit der Ölmischung einstreichen, die Knoblauchscheiben dazulegen.

Die Tomaten waschen, die Stielansätze entfernen und die Tomaten in Scheiben schneiden. Die Tomatenscheiben auf die Fische legen und alles im Ofen etwa 25 Minuten backen. Dabei mehrmals mit dem Sud einstreichen. Das Basilikum waschen, trocken tupfen und in Streifen schneiden. Die Meeräschen in Portionen teilen und mit Tomaten und Basilikum garniert servieren.

* Die mit einem Sternchen versehenen Zutaten können ausgetauscht werden. Gewürze und Kräuter je nach Belieben.

Fischauflauf mit Parmesan

Fischauflauf mit Parmesan
Die Kartoffeln gut waschen und in leicht gesalzenem Wasser etwa 20 Minuten garen. Abgießen, ausdampfen lassen und pellen. Die Kartoffeln in Scheiben schneiden. Das Fischfilet waschen, trocken tupfen und in mundgerechte Stücke schneiden.

Den Backofen auf 175 °C (Umluft 155 °C) vorheizen. Den Lauch putzen, waschen und in Ringe schneiden. Die Tomaten waschen und halbieren. Kartoffeln, Fisch, Lauch und Tomaten in eine gefettete Auflaufform geben.

Die Crème fraîche mit den Eiern verrühren und mit Salz, Pfeffer und Muskat würzen. Über den Auflauf gießen und mit Parmesan bestreuen. Im Ofen etwa 45 Minuten backen. Inzwischen die Petersilie waschen, trocken schütteln und hacken. Den Auflauf mit Petersilie bestreut servieren.

Für 4 Portionen
400 g kleine Kartoffeln
400 g Fischfilet, z.B. Lengfisch
1 Lauchstange
6 Cocktailtomaten
1 El Butter
200 g Crème fraîche
2 Eier
Salz, Pfeffer
Muskatnuss
100 g frisch geriebener Parmesan
1/2 Bund Petersilie

Zubereitungszeit: ca. 30 Minuten (plus Gar- und Backzeit)
Pro Portion ca. 485 kcal/2037 kJ
36 g E · 29 g F · 19 g KH

Parmesan ist ein italienischer Hartkäse aus Kuh-Rohmilch. Der Parmigiano Reggiano (D.O.P.) stammt aus der oberitalienischen Region Emilia Romagna. Das D.O.P.-Siegel (Denominazione d´Origine Protetta) weist darauf hin, dass die Herkunftsbezeichnung geschützt ist. Monats- und Jahrgangsbezeichnung sind in der Rinde vermerkt. Der Käse hat ein kräftiges, volles Aroma, das jedoch nicht dominiert. Deshalb wird er gerne zum Überbacken von Gemüse-, Fisch- und Fleischgerichten verwendet, gerieben zur Pasta oder in Stücken zum Wein gegessen.

Für 4 Portionen
24 Austern, frisch oder aus dem Glas
250 ml Fischbrühe
250 ml Sahne
250 g gekochtes Krebsfleisch
4 Scheiben Weißbrot
80 g Butter
90 g Mehl
1 Bund Frühlingszwiebeln
2 El frisch gehackte Petersilie
2 El Worcestersauce
1/2 Tl Tabasco

Zubereitungszeit: ca. 30 Minuten (plus Koch- und Grillzeit)
Pro Portion ca. 632 kcal/2656 kJ
30 g E · 39 g F · 40 g KH

Meeresfrüchtegratin

Meeresfrüchtegratin
Die frischen Austern aus der Schale schneiden und mit der Austernflüssigkeit in eine Pfanne geben. Die Fischbrühe darübergießen und die Austern langsam kochen, bis sich die Ränder biegen. Austern aus der Pfanne nehmen und beiseite stellen. – Austern aus dem Glas mit Flüssigkeit und dem Fischfond in der Pfanne erhitzen.

Die Kochflüssigkeit der Austern durch ein Sieb gießen und mit der Sahne in einem Topf aufkochen. 5 Minuten einkochen.

Das Krebsfleisch klein schneiden. Das Brot entrinden, in der Küchenmaschine zerbröseln und mit dem Krebsfleisch mischen.

Die Butter in einem Topf schmelzen, mit dem Mehl eine Mehlschwitze herstellen. Die Frühlingszwiebeln putzen, waschen, hacken und mit der Petersilie zur Mehlschwitze geben. Alles etwa 3 Minuten köcheln, dann die Austern-Sahne-Flüssigkeit angießen und aufkochen. Mit Worcestersauce und Tabasco abschmecken und etwa 15 Minuten köcheln.

Die Austern in eine gefettete Auflaufform geben. Die Krebs-Bröselmischung dazugeben und die Sauce darübergießen. Unter dem heißen Grill 8 Minuten grillen.

Gambas mit Knoblauch

Für 4 Portionen
500 g Gambas
125 ml Olivenöl
Salz, Pfeffer
5 Knoblauchzehen

Zubereitungszeit: ca. 20 Minuten (plus Brat- und Backzeit)
Pro Portion ca. 187 kcal/785 kJ
26 g E · 8 g F · 2 g KH

Gambas mit Knoblauch
Die Gambas schälen, den Rücken einritzen und den Darm entfernen. Die Gambas waschen und trocken tupfen. 5 El Olivenöl in einer Pfanne erhitzen und die Gambas darin von allen Seiten etwa 3 Minuten braten. Mit Salz und Pfeffer würzen.

Den Backofen auf 200 °C (Umluft 180 °C) vorheizen. Die Knoblauchzehen schälen und fein hacken. Die Krabben aus dem Öl nehmen, das restliche Öl zugeben, erhitzen und die Knoblauchzehen darin etwa 5 Minuten schmoren.

Die Krabben in eine feuerfeste Form geben, das Öl mit dem Knoblauch darübergießen und im Ofen etwa 10 Minuten backen. Sofort mit frischem Baguette servieren.

Gambas ist die spanische Bezeichnung für die kleinen Krustentiere, die auch als Garnelen bekannt sind. Sie kommen sowohl im Süß- wie im Salzwasser vor. Insgesamt werden 160 einzelne Garnelenarten gezählt, nicht alle davon sind genießbar. Dank der großen Nachfrage nach den schmackhaften Krustentieren werden Garnelen heutzutage in den USA, Japan, Thailand und Taiwan gezüchtet.

Typisch für Garnelen sind die langen Fühler und fünf Beinpaare. Das feste, vor dem Kochen durchsichtige Fleisch ist von Art zu Art verschieden – von rosa bis dunkelrot. Die Kaltwasserarten sind kleiner und insgesamt aromatischer. Die wichtigsten Arten für den Verbraucher sind die Tiefseegarnele (7,5 bis 10 cm lang) und die Riesengarnele (15 bis 30 cm lang).

Interessant an der Fortpflanzung der Garnelen ist, dass manche Arten männlich geboren werden und sich im Laufe des sehr langsam verlaufenden Wachstums in Weibchen verwandeln.

Garnelen enthalten viel Vitamin B12.

Gebackene Austern mit Speck

Den Backofen auf 225 °C (Umluft 200 °C) vorheizen. Das grobe Salz auf ein Backblech streuen.

Den Frühstücksspeck quer in schmale Streifen schneiden, in einer Pfanne knusprig braten und auf Küchenpapier abtropfen lassen.

Die Schalotten schälen und hacken. Die Paprikaschote und den Staudensellerie putzen, waschen und fein würfeln. Im Speckfett unter Rühren etwa 2 Minuten schmoren. Mit Salz, Zitronensaft, Worcestersauce und Tabasco würzen.

Die Austern in der geöffneten Schale auf das Salz legen. Die Gemüsemasse darauf verteilen und den Speck darüberstreuen. Im Ofen etwa 15 Minuten backen.

Für 4 Portionen
1 kg grobes Salz
4 Scheiben Frühstücksspeck
2 Schalotten
½ rote Paprikaschote
100 g Staudensellerie
Salz
2 Tl Zitronensaft
2 Tl Worcestersauce
2 Spritzer Tabasco
20 Austern in der Schale, geöffnet

Zubereitungszeit: ca. 15 Minuten
(plus Schmor- und Backzeit)
Pro Portion ca. 142 kcal/596 kJ
18 g E · 4 g F · 8 g KH

Gebackene Austern mit Speck

Tabascosauce ist eine scharfe Sauce, die aus zerstoßenen Tabasco-Chilis, Salz und Essig, ohne Farb- und Konservierungsstoffe hergestellt wird. Der Sud wird in Eichenfässern gelagert und dort einem Fermentierungsprozess ausgesetzt, wodurch der spezifische Geschmack der Sauce entsteht. Was sonst noch in der Sauce enthalten ist, ist das Firmengeheimnis des Herstellers McIlhenny Co., der auf Avery Island in Louisiana, USA, seinen Firmensitz hat. Der Name „Tabasco" ist dem gleichnamigen mexikanischen Bundesstaat entliehen. Alle Flaschen werden in Avery Island abgefüllt, wodurch gewährleistet ist, dass der Tabasco-Geschmack weltweit gleich ist.

Gedünstet, pochiert und gedämpft

Das nicht-kommerzielle Angeln von Fischen ist für viele ein entspannender Zeitvertreib.

Die passionierten Hobbyangler sind dafür bereit, früh morgens an Bach, Teich oder See zu stehen und ihre Angel auszuwerfen. Die friedliche Stimmung eines Morgens, kurz bevor die Natur erwacht, wirkt ausgesprochen beruhigend. Viele betrachten das Angeln als Sport. Einige angeln daher auch mit besonders schonenden Haken, sodass sie die Fische so gut wie unverletzt wieder ins Wasser werfen können, nachdem sie die schönsten Exemplare vielleicht fürs Album fotografiert haben. Angler leisten einen Beitrag zum Schutz der Gewässer und sichern das Gleichgewicht des Fischbestands darin.

Gedünstet, pochiert und gedämpft

Gedünsteter, pochierter und gedämpfter Fisch ist besonders bekömmlich, weil die Zubereitung schonend vonstatten geht.

Der Geschmack und die wertvollen Inhaltsstoffe bleiben weitgehend erhalten. Das Fischfleisch wird nicht unnötig hoch erhitzt, gebraten oder frittiert – dies wäre mit Fettzugabe und erhöhter Kalorienzahl verbunden. Lediglich wenig Flüssigkeit oder Wasserdampf sind zum Garen notwendig. Beim Blaukochen von Süßwasserfischen wie Karpfen und Forellen wird dem Kochwasser zusätzlich Essig zugegeben, der für die Blaufärbung der äußeren Schleimschicht sorgt.

Zum Kochen, Dämpfen und Pochieren sind vom Lachs bis zum Schellfisch die meisten Fischarten geeignet. Dazu passen sämtliche Gemüsearten, Kartoffeln, Nudeln, Reis und feine Saucen mit Zitrone, Wein, Sahne und Senf oder eine würzige Butter.

Auch Meeresfrüchte wie Krebse, Garnelen und Hummer sind bei der Rezeptauswahl dabei. Sie werden übrigens beim Kochen rot. Versuchen Sie den Bretonischen Heilbutt oder den Lachs in Ahornsirup, auch der Steinbutt mit Tagliatelle oder das Risotto mit Hummer sind – wie alle anderen Gerichte – einfach köstlich.

WELSRAGOUT MIT KRABBEN UND GEMÜSE

WELSRAGOUT MIT GEBRATENEN JAKOBSMUSCHELN UND BROKKOLI

HECHTRAGOUT MIT MIESMUSCHELN UND WURZELGEMÜSE

LACHSRAGOUT MIT GARNELEN UND SPINAT

FLUSSBARSCHRAGOUT MIT GARNELEN UND GLASIERTEN MÖHREN

RENKENRAGOUT MIT VENUSMUSCHELN UND ZUCCHINIGEMÜSE

Welsragout mit Flusskrebsen und Wurzelgemüse

Für 4 Portionen
1 Karotte*
1 Lauchstange*
150 g Knollensellerie*
2 Schalotten*
Butter für die Form
800 g Welsfilet*
Salz, Pfeffer
Zitronensaft
500 ml Fischfond
Sherryessig
1 Lorbeerblatt
1 Gewürznelke
2 Wacholderbeeren
500 ml Weißwein
100 g kalte Butter
16 gekochte Flusskrebse in der Schale*

Zubereitungszeit: ca. 30 Minuten (plus Garzeit)
Pro Portion ca. 760 kcal/3192 kJ
54 g E · 47 g F · 11 g KH

Welsragout mit Flusskrebsen und Wurzelgemüse
Das Gemüse putzen, waschen, Sellerie schälen und alles in dünne Streifen schneiden. Die Schalotten schälen und würfeln. Eine Kasserolle einfetten und das Gemüse mit den Schalotten darin verteilen.

Den Fisch waschen, trocken tupfen und in 8 gleiche Teile schneiden. Mit Salz und Pfeffer würzen und mit Zitronensaft beträufeln. In die Kasserolle zum Gemüse geben, den Fischfond, 1 Spritzer Sherryessig und die Gewürze zugeben und alles bei geringer Temperatur etwa 15 Minuten garen. Fisch und Gemüse aus der Kasserolle nehmen und warm stellen.

Den Kochsud durch ein Sieb streichen und auf ein Drittel einkochen. Den Wein angießen und erneut einkochen. Die kalte Butter stückchenweise einrühren und mit dem Pürierstab aufschäumen. Fisch, Gemüse und Krebse nacheinander in die Sauce geben und erhitzen. Mit Salz und Pfeffer würzen. Auf Tellern dekorativ anrichten. Dazu schmeckt Reis.

* Die mit einem Sternchen versehenen Zutaten können ausgetauscht werden. Gewürze und Kräuter je nach Belieben.

Pochierte Bachforelle auf Gurken-Kartoffelgemüse

Pochierte Bachforelle auf Gurken-Kartoffelgemüse
Die Kartoffeln schälen und in Würfel schneiden. Die Gurke schälen, halbieren, die Kerne entfernen und in etwa 1 cm dicke Scheiben schneiden. Den Dill waschen, trocken schütteln und fein hacken.

Die Butter in einer Pfanne erhitzen und das Mehl darin unter Rühren anschwitzen. Mit Milch und Fischfond ablöschen, aufkochen. Die Kartoffeln hineingeben und etwa 15 Minuten köcheln. Die Gurkenscheiben zugeben und etwa 5 Minuten mitgaren. Mit Salz und Pfeffer würzen.

Das Suppengemüse putzen, waschen, nach Bedarf schälen und klein schneiden. Mit dem Lorbeerblatt und etwas Salz in einen Topf geben. 250 ml Wasser und den Wein angießen und 5 Minuten köcheln.

Das Fischfilet waschen, trocken tupfen und in 4 Stücke schneiden. Mit Salz und Pfeffer würzen. In den Gemüsesud legen und etwa 10 Minuten garen. Auf dem Kartoffel-Gurken-Gemüse anrichten.

Für 4 Portionen
500 g Kartoffeln
1 Salatgurke
1 Bund Dill
20 g Butter
1 El Mehl
125 ml Milch
300 ml Fischfond
Salz, Pfeffer
1 Bund Suppengemüse
1 Lorbeerblatt
250 ml Weißwein
500 g Bachforellenfilet

Zubereitungszeit: ca. 30 Minuten (plus Garzeit)
Pro Portion ca. 383 kcal/1606 kJ
33 g E · 11 g F · 27 g KH

Kartoffeln sind die verdickten Stielenden der Kartoffelpflanze. Seit dem 16. Jahrhundert kennt man die Pflanze, die ursprünglich aus den Anden stammt, auch in Europa. Mittlerweile sind die Knollen, von denen es mehr als 150 wirtschaftlich bedeutende Sorten gibt, zu einem der wichtigsten Lebensmittel überhaupt geworden. Kartoffeln können vielfältig verwendet werden: als Suppe, Salat, Beilage, gekocht, gebraten, frittiert und püriert. Kartoffeln sind sehr eiweiß- und wasserhaltig. Außerdem enthalten sie viel Kalium und Vitamin C. Der Saft roher Kartoffeln soll krampflösend wirken.

Für 4 Portionen
1 küchenfertiger Karpfen (ca. 720 g)
Salz
250 ml Fischfond
3 Frühlingszwiebeln
2 Zucchini
2 El Öl
40 g Butter
40 g Mehl
75 ml Sahne
Pfeffer

Zubereitungszeit: ca. 20 Minuten (plus Kochzeit)
Pro Portion ca. 433 kcal/1817 kJ
37 g E · 27 g F · 12 g KH

Pochierter Karpfen mit Sahnesauce

Pochierter Karpfen mit Sahnesauce
Den Karpfen waschen, schuppen und filetieren. Trocken tupfen und salzen. Den Fischfond mit 200 ml Wasser aufkochen und die Karpfenfilets darin etwa 8 Minuten pochieren. Aus dem Topf nehmen, warm stellen, den Kochsud aufbewahren. Die Frühlingszwiebeln putzen, waschen und in 3 cm lange Stücke schneiden. Die Zucchini putzen, waschen und in Scheiben schneiden. Die Scheiben halbieren. Das Öl erhitzen und die Zwiebeln und Zucchinischeiben darin etwa 3 Minuten unter Rühren schmoren. Würzen. Die Butter schmelzen und mit dem Mehl eine Mehlschwitze herstellen. Mit 400 ml Kochsud ablöschen, aufkochen und um die Hälfte einkochen. Die Sahne einrühren und mit Salz und Pfeffer abschmecken. Die Karpfenfilets mit dem Gemüse und der Sauce servieren. Dazu schmecken Salzkartoffeln.

Lachs in Ahornsirup

Für 4 Portionen
30 g Butter
4 Schalotten
4 Lachsfilets (à 150 g)
Salz, Pfeffer
6 El Sherry
60 ml Fischfond
50 ml Ahornsirup
80 ml Sahne
2 El Limettensaft

Zubereitungszeit: ca. 30 Minuten (plus Garzeit)
Pro Portion ca. 373 kcal/1565 kJ
29 g E · 22 g F · 12 g KH

Lachs in Ahornsirup
Die Butter in einem großen Topf schmelzen und etwas abkühlen lassen. Die Schalotten schälen, würfeln und in die Butter geben. Die Fischstücke waschen, trocken tupfen und mit Salz und Pfeffer würzen. Die Fischstücke nebeneinander auf die Schalotten legen.

Den Sherry mit dem Fischfond und dem Ahornsirup verrühren und den Lachs damit übergießen. Abgedeckt zum Kochen bringen und bei geringer Temperatur etwa 5 Minuten köcheln.

Den Fisch mit einer Schaumkelle aus dem Topf heben. Den Sud durch ein Sieb streichen und zur Hälfte einkochen. Die Sahne angießen und den Limettensaft einrühren. Die Sauce erneut um ein Drittel einkochen. Dann mit Salz und Pfeffer abschmecken. Den Lachs auf Tellern anrichten und mit der Sauce servieren.

Dazu schmecken Brokkoli und kleine gebackene Kartoffeln.

Ahornsirup wird durch Einkochen des Saftes bestimmter Ahornarten hergestellt. Hauptproduzenten sind die USA und Kanada. Die Rinde der Bäume wird zwischen Januar und April angeritzt und der austretende Pflanzensaft aufgefangen. Pro Baum werden pro Saison zwischen 60 und 150 l Ahornsaft gewonnen. Der gekochte Sirup ist ein intensives Süßungsmittel, das pur oder als Zutat zu Speisen gegessen werden kann.

Schollenröllchen mit glasierten Möhren

Die Zucchini putzen, waschen und würfeln. 750 ml Wasser mit Salz, Zucker und der Butter aufkochen und die Zucchini darin etwa 10 Minuten garen. Herausnehmen und abtropfen lassen. Das Kochwasser aufbewahren. Die Zucchini pürieren und in einem Mulltuch abtropfen lassen.

Das Zwiebelgrün in kochendem Wasser 1 Minute blanchieren, kalt abschrecken und abtropfen lassen.

Die Schollenfilets waschen, trocken tupfen, mit Salz würzen. Das Basilikum waschen, trocken schütteln und die Blätter fein hacken. Mit dem Zucchinipüree mischen und mit Salz und Pfeffer abschmecken. Das Eiweiß steif schlagen und unterheben.

Die Zucchinimasse auf den Schollenfilets verteilen und zusammenrollen. Mit dem Frühlingszwiebelgrün zusammenbinden.

Die Schollenröllchen in den Siebeinsatz des Dampfgarers legen und etwa 20 Minuten garen.

Inzwischen das Grün von den Möhren bis auf 1 cm entfernen. Die Möhren waschen und trocken tupfen. Den Ingwer schälen und reiben. Den Ingwer mit dem Öl, dem Butterschmalz und dem Honig in einer Pfanne aufkochen. Die Möhren hineingeben und abgedeckt etwa 10 Minuten garen. 2 Minuten vor Ende der Garzeit den Deckel abnehmen. Die Möhren mit Salz und Pfeffer würzen.

Für die Sauce das Zucchinikochwasser auf die Hälfte einkochen, die Sahne zugeben und mit der in Wasser glatt gerührten Speisestärke binden. Mit Salz und Pfeffer würzen und mit gehacktem Dill mischen. Die Schollenröllchen mit der Sauce und den glasierten Möhren servieren.

Schollenröllchen mit glasierten Möhren

Für 4 Portionen
500 g Zucchini
Salz
1 Prise Zucker
20 g Butter
Grün von 4 Lauchzwiebeln
4 Schollenfilets (à 125 g)
1/2 Bund Basilikum
Pfeffer
1 Eiweiß
100 ml Sahne
2 El Speisestärke
1 Bund Dill

Möhren
1 kg junge Bundmöhren
15 g Ingwer
1 El Sesamöl
2 El Butterschmalz
1 El Honig
Salz, Pfeffer

Zubereitungszeit: ca. 40 Minuten (plus Garzeit)
Pro Portion ca. 325 kcal/1365 kJ
29 g E · 15 g F · 17 g KH

Gedämpfter Zander auf Basilikum-Vinaigrette

Gedämpfter Zander auf Basilikum-Vinaigrette

Die Fischfilets waschen, trocken tupfen und mit Salz und Pfeffer würzen. Die Frühlingszwiebeln putzen, waschen, nur den weißen Teil verwenden und halbieren.

Auf den Boden eines Dampfgarers 200 ml Wasser und den Wein geben und die Frühlingszwiebeln darin verteilen. Abgedeckt etwa 5 Minuten garen. Die Fischfilets in den Einsatz legen, in den Dampfgarer zu den Zwiebeln stellen und etwa 10–12 Minuten garen. Den Fisch herausnehmen und warm stellen. Die Frühlingszwiebeln mit der Schaumkelle herausholen.

Die Tomaten heiß überbrühen, Häute, Stielansätze und Kerne entfernen, das Fruchtfleisch würfeln. Die Tomaten mit dem Olivenöl und dem Zitronensaft verrühren. Das Basilikum waschen, trocken schütteln und die Blättchen fein hacken. Mit der Tomatenmischung verrühren und mit Salz und Pfeffer abschmecken.

Die Zanderfilets mit den Frühlingszwiebeln auf vorgewärmten Tellern anrichten. Die Basilikum-Vinaigrette dazureichen. Dazu schmecken Herzoginkartoffeln.

Für 4 Portionen
4 Zanderfilets
Salz, Pfeffer
20 Frühlingszwiebeln
200 ml Weißwein

Basilikum-Vinaigrette
2 Tomaten
8 El Olivenöl
Saft von 2 Zitronen
1 Bund Basilikum

Zubereitungszeit: ca. 25 Minuten (plus Garzeit)
Pro Portion ca. 336 kcal/1344 kJ
32 g E · 12 g F · 18 g KH

KABELJAUFILETS MIT KRÄUTER-
SAUCE UND MÖHREN

SCHELLFISCHFILETS MIT SENFSAUCE
UND TOPINAMBUR-MÖHREN-GEMÜSE

FORELLENFILETS MIT OLIVENSAUCE
UND GEDÄMPFTEM CHICORÉE

LIMANDESFILETS MIT LIMETTENSAUCE UND FRÜHLINGSZWIEBELGEMÜSE

HEILBUTTFILETS MIT ROTWEINSAUCE UND TRAUBEN

ROTBARSCHFILETS MIT RIESLING-SAUCE UND SPINAT

Kabeljau in Senfsauce mit Kohlrabigemüse

Für 4 Portionen
600 g Kabeljaufilet*
Salz, Pfeffer
Zitronensaft
1 Schalotte
4 El Butter
625 ml Fischfond
2 Kohlrabiknollen*
Muskatnuss
80 g Senfkörner*
125 ml Weißwein*
3 El Crème fraîche*
1 El Senf*
250 ml Sahne*

Zubereitungszeit: ca. 30 Minuten (plus Koch- und Garzeit)
Pro Portion ca. 430 kcal/1806 kJ
32 g E · 28 g F · 8 g KH

Kabeljau in Senfsauce mit Kohlrabigemüse

Das Fischfilet waschen, trocken tupfen und in 4 Teile schneiden. Mit Salz und Pfeffer würzen, mit etwas Zitronensaft beträufeln. Die Schalotte schälen und fein hacken.

3 El Butter in einen Topf geben, die Schalotte hineinlegen. Die Fischstücke darauflegen. 500 ml Fischfond angießen und abgedeckt etwa 15 Minuten garen.

Kohlrabi schälen und in dünne Stifte schneiden. In kochendem Salzwasser etwa 2 Minuten garen, herausnehmen, eiskalt abschrecken und abtropfen lassen.

1 El Butter in einem Topf erhitzen, die Kohlrabistifte darin schwenken und mit Salz, Pfeffer und Muskatnuss würzen.

Den Fisch aus dem Kochsud nehmen und warm stellen. Den Sud durchsieben und 250 ml davon aufbewahren.

Die Senfkörner und den Wein aufkochen und um die Hälfte einkochen, restlichen Fischfond und Kochsud zugeben und erneut einkochen. Crème fraîche einrühren, mit Salz und Pfeffer würzen. Senf zugeben. Die Sahne steif schlagen und unterheben.

Die Kabeljaustücke mit der Senfsauce und den Kohlrabischeiben garniert servieren. Dazu schmeckt Kartoffelpüree.

* Die mit einem Sternchen versehenen Zutaten können ausgetauscht werden. Gewürze und Kräuter je nach Belieben.

Seelachs auf Rucolagemüse

Seelachs auf Rucolagemüse
Das Fischfilet waschen, trocken tupfen, mit Salz und Pfeffer würzen und mit etwas Zitronensaft beträufeln. Den Rucola und die Petersilie waschen, trocken schütteln, die Petersilie fein hacken. Die Sonnenblumenkerne in einer Pfanne ohne Fett rösten.

Die Tomaten heiß überbrühen, Häute, Stielansätze und Kerne entfernen. Tomaten würfeln. Das Öl in einer Pfanne erhitzen und die Fischfilets von beiden Seiten kurz anbraten. Den Fond angießen und die Fischfilets etwa 3 Minuten darin gar dünsten.

Die Schalotten schälen und fein hacken. Die Butter erhitzen und die Schalotten darin glasig schmoren. Rucola und Tomaten zugeben und kurz mitschmoren. Mit Salz und Pfeffer würzen, mit dem restlichen Zitronensaft beträufeln.

Den Fisch aus dem Sud nehmen und auf dem Gemüse anrichten. Mit Petersilie und Sonnenblumenkernen garniert servieren. Dazu passen Bratkartoffeln.

Für 4 Portionen
600 g Seelachsfilet
Salz, Pfeffer
Saft von 1/2 Zitrone
250 g Rucola
1/2 Bund glatte Petersilie
4 El Sonnenblumenkerne
4 Tomaten
2 El Olivenöl
100 ml Fischfond
2 Schalotten
50 g Butter

Zubereitungszeit: ca. 30 Minuten (plus Schmor- und Dünstzeit)
Pro Portion ca. 377 kcal/1585 kJ
31 g E · 26 g F · 5 g KH

Rucola ist der italienische Name der Rauke, die zur Familie der Kohlarten gehört. Bereits im alten Rom wurde der aromatische Geschmack der Pflanze geschätzt. Die Blätter der Rauke erinnern in Farbe und Form an Löwenzahn, der Geschmack eher an Brunnenkresse. Die jungen Blätter schmecken am besten.

Rauke wird roh als Salat oder Salatzutat, püriert in Suppen oder Saucen verwendet. Sie wirkt magenstärkend und harntreibend.

2007 Rüdesheimer Berg Rottland
Riesling Alte Reben
Josef Leitz, Rheingau

Präsenter, tief mineralischer Zitrusduft mit Noten von Pfirsichen und Mirabellen dominieren eine Spur frischer Kräuter. Saftige Frucht entfaltet sich im Mund, sehr dicht, mit feiner, verspielter Säure und ziemlich präsenter, kühler Mineralik.

Für 4 Portionen	125 g Champignons
4 Steinbuttfilets	250 g Tagliatelle
Salz, Pfeffer	200 ml Sahne
2 El Zitronensaft	30 g Butter
3 Schalotten	1 El Crème fraîche
½ Bund Kerbel	
2 El Butter	
200 ml Riesling	
3 Tomaten	

Zubereitungszeit: ca. 30 Minuten (plus Gar- und Kochzeit)
Pro Portion ca. 577 kcal/2425 kJ
36 g E · 22 g F · 49 g KH

Steinbutt in Riesling mit Tagliatelle

Steinbutt in Riesling mit Tagliatelle

Die Fischfilets waschen, trocken tupfen, würzen und mit Zitronensaft beträufeln. Die Schalotten schälen und hacken. Den Kerbel waschen, trocken schütteln und fein hacken. Die Butter in einem Topf erhitzen und die Schalotten darin glasig schmoren. Die Fischfilets darauflegen, Kerbel, 3 El Wasser und den Wein hinzufügen und den Fisch etwa 15 Minuten dünsten.

Die Tomaten heiß überbrühen, Häute, Stielansätze und Kerne entfernen. Das Fruchtfleisch würfeln. Die Pilze putzen, feucht abreiben und in Scheiben schneiden. Den gegarten Fisch aus dem Sud nehmen und warm stellen.

Die Tagliatelle nach Packungsanweisung bissfest garen.

Die Sahne in den Sud rühren, aufkochen und etwas einkochen. Tomatenwürfel und Pilze zugeben, erhitzen, die Butter in Flöckchen einrühren, bis die Sauce sämig wird. Mit Salz und Pfeffer abschmecken.

Die Crème fraîche unterheben und die Sauce mit den Tagliatelle zu den Steinbuttfilets reichen.

Pochiertes

Schellfischfilet mit Sauerampfer und Stangensellerie

Für 4 Portionen
4 Schellfischfilets (à 200 g)
2 El Zitronensaft
150 g Sauerampfer
125 g Crème fraîche
Salz, Zucker
750 g Stangensellerie
50 g Butter
Pfeffer
2 El Essig

Zubereitungszeit: ca. 35 Minuten (plus Schmor- und Garzeit)
Pro Portion ca. 385 kcal/1617 kJ
39 g E · 21 g F · 7 g KH

Pochiertes Schellfischfilet mit Sauerampfer und Stangensellerie

Die Fischfilets waschen, trocken tupfen und mit Zitronensaft beträufeln. Den Sauerampfer putzen, waschen, die Blattrippen entfernen und die Blätter fein hacken. Mit der Crème fraîche pürieren und mit Salz und Zucker abschmecken.

Den Stangensellerie putzen, waschen und in Stücke schneiden. Die Butter in einem Topf erhitzen und den Sellerie darin unter Rühren gar schmoren. Mit Salz und Pfeffer würzen.

1 l Wasser mit Salz und dem Essig in einem Topf zum Kochen bringen. Die Fischfilets hineinlegen und etwa 8 Minuten pochieren.

Das Selleriegemüse auf vorgewärmte Teller geben, die Fischfilets aus dem Topf holen und darauf anrichten. Mit der Sauerampfersauce überziehen. Dazu schmecken neue Kartoffeln.

Sauerampfer ist eine winterfeste Pflanze, die ursprünglich aus Nordasien stammt. Botanisch ist sie mit dem Rhabarber verwandt und schmeckt ähnlich wie dieser leicht bitter und säuerlich. In alten Zeiten wurde der Ampfer wegen seiner verdauungsfördernden Wirkung verwendet, heutzutage schätzt man ihn vor allem in der französischen und englischen Küche als Kräuterzutat. In der Frankfurter Sauce ist er ein wichtiger Bestandteil.

Man unterscheidet die beiden Sorten Gartensauerampfer und Gartenampfer, wobei der Sauerampfer aromatischer schmeckt.

Schon früh entdeckte man, dass Sauerampfer sehr reich an Vitamin C ist und damit der Mangelkrankheit Skorbut vorbeugen kann. Außerdem enthält er viel Vitamin A, Magnesium und Kalium. Er kann wie Spinat zubereitet werden, doch sollte er in der Küche vitaminschonend verarbeitet werden: erst vor der Zubereitung waschen, und nur kurz gegart essen.

Dorsch auf Karottencreme

Dorsch auf Karottencreme

Die Perlzwiebeln schälen und in der Butter andünsten, die Sahne angießen und zur Hälfte einkochen. Beiseite stellen. Den Kopfsalat waschen, trocken schütteln und in dünne Streifen schneiden.

Für die Sauce die Karotten schälen, würfeln und in 2 El Butter glasig schmoren. 125 ml Fond zugeben und einkochen. Pürieren und mit Salz, Pfeffer, Zucker und Zitronensaft abschmecken. Die Schalotte schälen und fein hacken. Die restliche Butter schmelzen und die Schalotte darin schmoren. Den Wein angießen und zur Hälfte einkochen. Dann den restlichen Fond zugeben und erneut einkochen. Das Karottenpüree mit dem eingekochten Wein-Fond verrühren und aufkochen. Die Sahne steif schlagen und unterheben. Mit Salz und Pfeffer abschmecken.

Das Dorschfilet waschen, trocken tupfen und würzen. Den Fischfond in einem Topf aufkochen, die Fischfilets hineingeben und etwa 10 Minuten dünsten. Die Dorschfilets aus dem Sud nehmen, abtropfen lassen und mit der Karottencreme, dem Perlzwiebelgemüse, mit Salatstreifen garniert, servieren. Dazu schmeckt Reis.

Für 4 Portionen
20 frische Perlzwiebeln
5 El Butter
125 ml Sahne
50 g Kopfsalat
4 Dorschfilets (à 200 g)
Salz, Pfeffer
1 l Fischfond

Karottencreme
3 Karotten
4 El Butter
375 ml Fischfond
Salz, Pfeffer
Zucker
Zitronensaft
1 Schalotte
250 ml Weißwein
40 ml Sahne

Zubereitungszeit: ca. 15 Minuten (plus Garzeit)
Pro Portion ca. 510 kcal/2142 kJ
45 g E · 23 g F · 20 g KH

Kopfsalat ist unter den Salatsorten die beliebteste. Der Salat hat große grüne oder rötlich-grüne Blätter, die Herzblätter sind gelb. Der Geschmack von Kopfsalat ist fein und leicht.

Heilbutt auf bretonische Art

Heilbutt auf bretonische Art

Den Fisch waschen, trocken tupfen und in Scheiben schneiden. Die Zwiebeln schälen und würfeln. Das Gemüse bis auf die Lauchstange schälen und in Würfel, die Kartoffeln in Schnitze schneiden. Den Lauch putzen, waschen und in Ringe schneiden.

Die Brühe mit den Gewürzen und Kräutern in einem Topf aufkochen, 2 Zwiebeln und das Gemüse zugeben und 5 Minuten garen. Anschließend die Fischstücke auf das Gemüse legen und alles weitere 10 Minuten garen.

Die Brötchen in Scheiben schneiden und unter dem Grill rösten.

Den Essig mit dem Öl und der restlichen Zwiebel mischen. Die Petersilie waschen, trocken schütteln und hacken. Mit dem Senf zur Essig-Öl-Mischung geben und glatt rühren. Mit Salz und Pfeffer abschmecken. Den Fisch mit dem Gemüse aus dem Sud holen und auf Tellern anrichten. Die Senfsauce und die gerösteten Brötchenscheiben dazu reichen.

Für 4 Portionen
750 g schwarzer Heilbutt
3 Zwiebeln
2 Möhren
1/2 Sellerieknolle
1 Lauchstange
2 Kartoffeln
750 ml Gemüsebrühe
Salz, Pfeffer
1 Tl getrockneter Thymian
1 Lorbeerblatt
2 Brötchen
3 El Weißweinessig
5 El Öl
1/2 Bund Petersilie
2 Tl Senf

Zubereitungszeit: ca. 40 Minuten (plus Garzeit)
Pro Portion ca. 455 kcal/1911 kJ
45 g E · 14 g F · 35 g KH

LACHS IN LIMETTEN-CHILI-SAUCE

LACHS IN ORANGEN-WHISKY-SAUCE

MEERÄSCHE IN KRÄUTER-PILZ-SAUCE

SEELACHS IN BRUNNENKRESSE-WEIN-SAUCE

SEETEUFEL IN TOMATEN-SALBEI-SAUCE

SEESAIBLING IN LIMETTEN-BUTTER-SAUCE

Lachs in Zitronen-Schnittlauch-Sauce

Für 4 Portionen
800 g Lachsfilet ohne Haut*
1 unbehandelte Zitrone*
1 Bund Schnittlauch*
100 g Schalotten*
30 g Butter*
250 ml Weißwein*
250 ml Fischfond*
450 g Crème fraîche*
Salz, Cayennepfeffer*

Zubereitungszeit: ca. 20 Minuten (plus Garzeit)
Pro Portion ca. 728 kcal/3057 kJ
42 g E · 53 g F · 12 g KH

Lachs in Zitronen-Schnittlauch-Sauce
Das Lachsfilet waschen, trocken tupfen und längs halbieren. Die Hälften in etwa 30 g schwere Stücke zerschneiden. Die Schale der Zitrone dünn abreiben, den Saft auspressen. Den Schnittlauch waschen, trocken schütteln und fein hacken.

Die Schalotten schälen und würfeln. Die Butter in einem Topf erhitzen und die Schalotten darin glasig schmoren. Den Wein angießen und zur Hälfte einkochen. Den Fischfond hinzufügen und ebenfalls gut einkochen.

2 El Zitronensaft und die Crème fraîche unterrühren. Nun die Lachsstücke, die Zitronenschale und die Sahne in den Topf geben, aufkochen und etwa 3 Minuten ziehen lassen. Mit Salz und Cayennepfeffer abschmecken. Den Schnittlauch unterheben und servieren. Dazu schmecken Nudeln.

* Die mit einem Sternchen versehenen Zutaten können ausgetauscht werden. Gewürze und Kräuter je nach Belieben.

Meeresfrüchte mit Pasta

Meeresfrüchte mit Pasta
Die Spaghetti nach Packungsanweisung bissfest garen. Dann abgießen und abtropfen lassen.

Die Garnelen schälen und die Schalen mit den Gewürzen und 750 ml Wasser aufkochen. 20 Minuten köcheln.

Die Zwiebel schälen und in dünne Ringe schneiden. Die Paprikaschote putzen, entkernen und in Streifen schneiden. Die Knoblauchzehen schälen und fein hacken.

Für 4 Portionen
400 g Spaghetti
350 g gekochte Garnelen
je 1/2 El Nelken, Piment-, Senf- und Korianderkörner
1 Zwiebel
1 grüne Paprikaschote
2 Knoblauchzehen
60 g Butter
3 El Mehl
1/2 Tl Thymianblättchen
1 Lorbeerblatt
1 Spritzer Worcestersauce
250 g Tomaten
24 gekochte Venusmuscheln ohne Schale
Salz, Pfeffer
2 El frisch gehackte Petersilie

Zubereitungszeit: ca. 35 Minuten (plus Garzeit)
Pro Portion ca. 685 kcal/2877 kJ
44 g E · 19 g F · 84 g KH

Die Butter in einem Topf erhitzen und die Zwiebeln, die Paprikaschote sowie den Knoblauch darin andünsten. Das Mehl darüberstäuben und anschwitzen. Nach und nach den durchgesiebten Garnelensud zugeben und die Kräuter einrühren. Die Sauce aufkochen und unter Rühren andicken. Mit Worcestersauce abschmecken. Die Tomaten heiß überbrühen, von Häuten, Stielansätzen und Kernen befreien und würfeln. Mit den Garnelen und Muscheln in die Sauce geben und langsam erhitzen. Mit Salz und Pfeffer würzen und die Petersilie unterheben. Die Spaghetti in die Meeresfrüchte rühren und servieren.

Beim Garen von **Pasta** sollte man folgendes beachten: Pro 500 g Nudeln werden 3 l Wasser und etwa 1 Tl Salz benötigt. Die Nudeln immer ins sprudelnd kochende Wasser geben, damit sie bissfest werden. Und einen ausreichend großen Topf nehmen, da gute Nudeln ihr Volumen beim Kochen um das Vierfache ausdehnen. Frische Nudeln benötigen weniger Garzeit als getrocknete. Nudeln aus Hartweizengrieß brauchen länger als Mehlnudeln. Am Ende der Garzeit die Nudeln sofort abgießen, Abschrecken ist nur bei sehr stärkehaltigen Nudeln notwendig.

**2006 Chablis
Domaine Jean Collet et Fils,
Burgund**

Die edle Weißweinsorte Chardonnay ergibt im Chablis sehr mineralischen Weißweine.

Dieser zeigt sich leuchtend Gelb mit grünen Reflexen. Erinnert an Pfirsichen und Blumen. Er zeigt sich feinwürzig, hat Schmelz und wirkt angenehm erfrischend.

Für 4–5 Portionen
1,75 kg Miesmuscheln
2 Schalotten
1 Möhre
1 Lauchstange
150 g Staudensellerie
2 El Butter
300 ml Gemüsebrühe
500 ml französischer Weißwein
Pfeffer
3 El frisch gehackte Petersilie

Zubereitungszeit: ca. 35 Minuten
(plus Garzeit)
Pro Portion ca. 195 kcal/819 kJ
14 g E · 4 g F · 11 g KH

Muscheln in Weinsud

Muscheln in Weinsud
Die Muscheln unter fließendem Wasser gut abbürsten. Geöffnete Schalen wegwerfen. Die Schalotten und die Möhre schälen und würfeln. Den Lauch und den Stangensellerie putzen, waschen und in Stücke schneiden.

Die Butter in einem großen Topf erhitzen und die Schalotten- und Gemüsewürfel darin unter Rühren anschmoren. Die Brühe angießen und etwas köcheln, dann den Wein zugeben und aufkochen.

Die Muscheln in den Weinsud geben, umrühren und abgedeckt etwa 10 Minuten garen. Den Topf dabei mehrmals rütteln. Wenn die Schalen geöffnet sind, die Muscheln mit dem Gemüse auf vorgewärmten Tellern anrichten. Noch geschlossene Muschelschalen wegwerfen.

Muscheln mit Salz und Pfeffer würzen und mit Petersilie bestreuen. Dazu schmeckt frisches Baguette oder Schwarzbrot.

Risotto mit Hummer

Für 4 Portionen
2 gekochte Hummer à 700 g in der Schale
125 g Schalotten
2 Knoblauchzehen
8 El Olivenöl
350 g Arborioreis
1 l Hummerfond
Salz, Pfeffer
4 Rosmarinzweige
50 g Parmesan

Zubereitungszeit: ca. 20 Minuten (plus Gar- und Bratzeit)
Pro Portion ca. 807 kcal/3392 kJ
80 g E · 21 g F · 73 g KH

Risotto mit Hummer
Das Fleisch der Hummer aus den Schalen und Scheren lösen. Die Schalotten schälen und fein würfeln. Die Knoblauchzehen schälen und fein hacken.

4 El Olivenöl in einem Topf erhitzen und die Schalotten, den Knoblauch und den Reis darin unter Rühren anschmoren. Den Hummerfond in einem zweiten Topf erhitzen. Jeweils 1 Schöpfkelle Flüssigkeit zum Reis geben und unterrühren. Erst, wenn der Reis die Flüssigkeit vollkommen aufgenommen hat, weitere Flüssigkeit zugeben, bis der Hummerfond aufgebraucht und der Reis sämig und cremig ist. Mit Salz und Pfeffer abschmecken.

Das Hummerfleisch und die -scheren im restlichen heißen Öl zusammen mit den Rosmarinzweigen kurz anbraten. Hummerteile mit dem Risotto servieren. Den Parmesan darüberhobeln.

So werden **Hummer** gekocht: Die lebenden Hummer mit dem Kopf zuerst in einen großen Topf mit kochendem Wasser geben. Es ist wichtig, dass das Wasser sprudelnd kocht, damit die Tiere gleich tot sind, wenn sie ins Wasser kommen. Kochen, bis die Schalen sich rot verfärben.

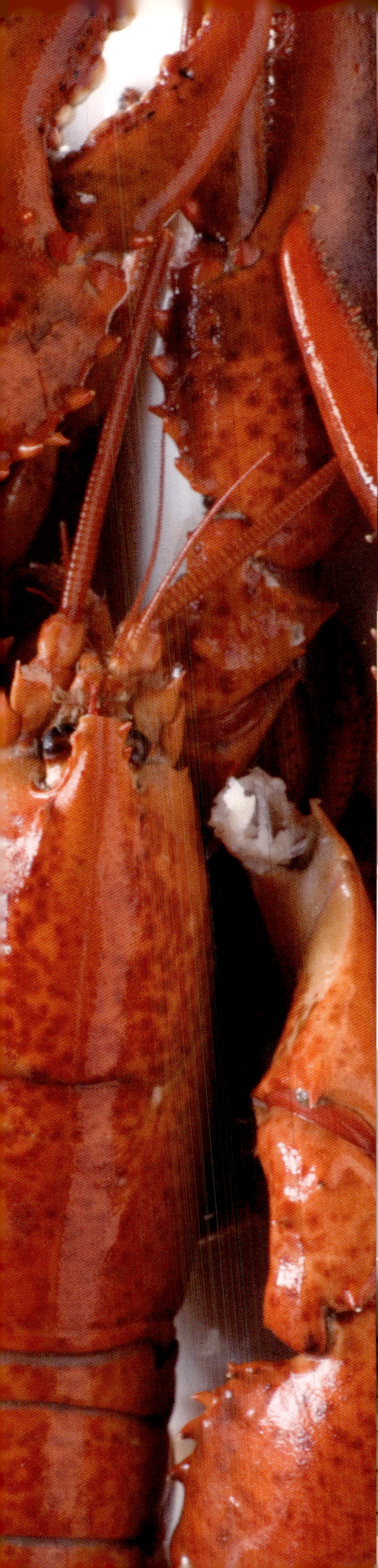

Hummer in Zitronenbutter

Die Schale der Zitrone fein abreiben, die Zitrone schälen und filetieren. Die Zitronenfilets fein würfeln. 1 El Zitronensaft auffangen.

Die Schalotten und den Knoblauch schälen und fein hacken. 25 g Butter erhitzen und beides darin andünsten. Fischfond und Weißwein angießen und auf ein Viertel einkochen.

Die lebenden Hummer nacheinander mit dem Kopf zuerst in kräftig sprudelndes Salzwasser gleiten lassen, aufkochen und 10–12 Minuten im offenen Topf garen. Herausnehmen und abkühlen lassen. Den Fond aufheben.

Schwanz und Kopf vom Rumpf des Hummers abdrehen. Die Hummer halbieren, den Darm herauslösen, das Fleisch wieder in die Schalen legen. Scheren von den Gelenken trennen. Aus Scheren und Scherenfingern das Fleisch mit einem Hammer herauslösen.

300 ml von dem Hummerfond erneut aufkochen und die restliche Butter in Stücken mit dem Schneebesen einrühren und eine cremige Sauce herstellen. Die Petersilie, Zitronensaft, -schale und Fruchtwürfel hinzufügen und mit Salz und Pfeffer würzen. Die Zitronensauce zum Hummerfleisch servieren.

Dazu schmecken in Butter gebratene kleine Pellkartoffeln.

Hummer in Zitronenbutter

Für 4 Portionen
1 unbehandelte Zitrone
75 g Schalotten
1 Knoblauchzehe
250 g kalte Butter
150 ml Fischfond
200 ml Weißwein
2 lebende Hummer oder 2 bereits gekochte Hummer
Salz, Pfeffer
1/2 Bund gehackte Petersilie

Zubereitungszeit: ca. 45 Minuten (plus Garzeit)
Pro Portion ca. 650 kcal/2730 kJ
67 g E · 35 g F · 7 g KH

Schalotten gehören zu den Zwiebelpflanzen und werden in graue und rosa Schalotten unterschieden. Ihr Geschmack ist feiner als der von Zwiebeln, auch sind sie weniger scharf. Die Römer schätzten sie als Aphrodisiakum. In der Küche werden sie zum Verfeinern von Salaten, Suppen, Saucen oder als Beilage zu Fisch- und Fleischgerichten genutzt.

Frei nach dem Motto: **»Für einen guten Wein braucht man keinen Anlass, der Wein ist Anlass genug«**, finden Sie im »Planet Wein« am Berliner Gendarmenmarkt eine weltweite Sortierung über 1000 feinster Tropfen vom einfachen Zechwein bis hin zu internationalen Raritäten, darüber hinaus auch exklusive Feinkostartikel, Weinaccessoires und edle Cigarren. Alle Weine in diesem Buch können problemlos im »Planet Wein« bezogen werden (Jahrgangswechsel und Verfügbarkeit vorbehalten).

Matthias Martens

Nach einer Lehre zum Hotelfachmann heuerte Matthias Martens u. a. als Steward auf dem Traumschiff »MS Deutschland« an. Von 1999 bis 2004 führte er den Service als Restaurantleiter im Restaurant VÂU. Matthias Martens ist Mitinitiator des Weinclubs »1. Berliner Weintafel« und hat sich vor allem den großen Gewächsen aus Italien und Frankreich verschrieben. Das Herz des mehrfachen deutschen Meisters der Habanosommeliers schlägt außerdem für die Cigarre und alle Getränke, die den köstlichen Rauch begleiten.

Anja Schröder

Die ausgebildete Restaurantfachfrau Anja Schröder eröffnete nach Stationen in Berlin im Hotel Brandenburger Hof und im Restaurant Harlekin im Grandhotel Esplanade mit Lars Rutz die Weinbar Rutz. Nach Tätigkeiten als Commis de rang und Restaurantleiterin machte sie aus ihrer Leidenschaft für den Wein einen Beruf. Seit August 2005 betreibt sie mit Matthias Martens den Weinladen »Planet Wein« am Gendarmenmarkt. Ihr Herz schlägt für die deutschen Weine, im Besonderen für den Riesling.

PLANET WEIN

Weinhandel am Gendarmenmarkt

Mohrenstraße 30
(Eingang Charlottenstraße)
10117 Berlin
Tel. +49. 30. 20 45 41 18
Fax +49. 30. 20 45 41 19

www.planet-weinhandel.de
info@planet-weinhandel.de

Rezeptverzeichnis